Das Elektron im Swimmingpool

by Dr. Robert Löw, Oliver Schmaering, illustrated by Aaron Cushley
© KARIBU–an imprint of Edel Verlagsgruppe GmbH, Hamburg
All Rights Reserved Korean translation © 2024 by BOOK21 Publishing Group
This Korean edition published by arrangement with © KARIBU, an imprint of Edel Verlagsgruppe GmbH
through Orange Agency, Korea.

이 책의 한국어판 저작권은 오렌지 에이전시를 통해
KARIBU-an imprint of Edel Verlagsgruppe GmbH와 독점 계약한 ㈜북이십일에 있습니다.
저작권법에 의해 한국 내에서 보호를 받는 저작물이므로 무단전재와 무단복제를 금합니다.

글 로베르트 뢰브, 올리버 슈메링 | **그림** 아론 쿠쉴리
옮김 유영미 | **감수** 김재영

1판 1쇄 인쇄 | 2024년 5월 13일
1판 1쇄 발행 | 2024년 5월 24일

펴낸이 | 김영곤
키즈사업본부장 | 김수경 **기획편집** | 홍희정 이은영 우경진 오지애 **키즈마케팅** | 정세림 **디자인** | 이찬형
아동마케팅영업본부장 | 변유경 **아동마케팅1팀** | 김영남 손용우 최윤아 송혜수
아동영업팀 | 강경남 김규희 최유성 **e-커머스팀** | 장철용 황성진 양슬기 전연우
해외기획팀 | 최연순 소은선 **제작팀** | 이영민 권경민

펴낸곳 | ㈜북이십일 아울북
출판등록 | 2000년 5월 6일 제406-2003-061호
주소 | (우 10881) 경기도 파주시 회동길 201(문발동)
전화 | 031-955-2100(대표) 031-955-2159(기획편집)
팩스 | 031-955-2151
홈페이지 | www.book21.com

ISBN 979-11-7117-585-7 (77400)

* 책값은 뒤표지에 있습니다.
* 잘못 만들어진 책은 구입하신 서점에서 교환해 드립니다.
* 이 책 내용의 일부 또는 전부를 재사용하려면 반드시 ㈜북이십일의 동의를 얻어야 합니다.

· **제조연월** | 2024.05.24. · **제조자명** | ㈜북이십일
· **주소 및 전화번호** | 경기도 파주시 회동길 201(문발동) / 031-955-2100
· **제조국명** | 대한민국 · **사용연령** | 4세 이상 어린이 제품

양자물리학으로 풍덩!

상식을 벗어난 세계로 떠나는
작고 거대한 과학 여행

로베르트 뢰브, 올리버 슈메링 글   아론 쿠쉴리 그림

유영미 옮김   김재영 감수

들어가는 글

어느 날 잠에서 깨어나 안경을 썼는데, 갑자기 양자 세계가 보인다고 생각해 봐요.
손목에 시계 대신 원자가 놓여 있고, 확실한 사건 대신에 확률을 믿어야 하지요.
다이빙대에서 뛰어내리면 물에 닿자마자 신기하게도 다시 위로 올라가고,
슈퍼마켓에서 사과의 무게를 재는 것처럼 파동을 측정해 볼 수도 있고요.

무슨 말인지 잘 모르겠다고요?
하지만 이 책에 담긴 모든 이야기는 진짜로 일어나는 일들이에요.
원자, 빛알, 전자의 놀라운 세계를 이해하려면 약간의 상상력이 필요하답니다.
상상력은 다른 사람들보다 더 많이 보게 해 주는 특별한 안경이지요.
어떤 세계가 여러분을 기다리고 있을까요?
지금 당장 전자 하나를 낚아채 다이빙대로 올라가 봐요.
깜짝 놀랄 테니까요!

프란체스카 펠라이노
독일 인스부르크대학교 양자광학 및
양자 정보 연구소 소장이자 원자물리학과 교수

차례

들어가는 글	7
시간이란 무엇일까?	10
지금은 언제일까?	12
무질서를 향해 나아가는 자연법칙	14
가장 작고, 가장 빠른 것	16
빙글빙글 도는 원자	18
전자 다이빙	20
시간을 측정하는 원자	22
우주의 시간	24
진동하는 원자들	26
지금 몇 시지?	28
양자라는 이름이 붙은 것	30
입자는 파도와 같아요	32
양자 방울이 무엇일까?	34
방울의 세계	36
두 개의 문을 동시에 통과하는 법	38
우연과 확률	40
빵 반쪽과 방울의 절반	42
초능력을 가진 양자 방울	44

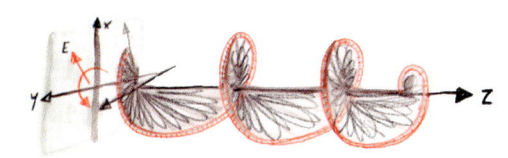

양자를 눈에 보이게 만들기	46
양자 세계로 떠난 걸리버	48
원자와 함께 석기시대로	50
머릿속 들여다보기	52
과학은 어떻게 발전할까?	54
지식의 한계	56
별빛을 보는 시간	58
플랑크와 빛알	60
아인슈타인과 양자들	62
슈뢰딩거의 고양이	64
빛알들의 휴가	66
양자의 비밀	68
체스판과 밀알	70
양자 컴퓨터의 탄생	72
양자 컴퓨터는 어떻게 만들까?	74
양자 컴퓨터를 쓰면 뭐가 좋을까?	78
양자물리학의 미래	82
양자물리학을 연구한 대표 과학자들	84
용어 설명	86
감수의 글	89
이 책을 만든 사람들	92

시간이란 무엇일까?

여러분, 안녕!
나는 이 책을 쓴 양자물리학자 로베르트 뢰브예요.
지금부터 여러분과 함께 양자의 세계로 아주 흥미로운 여행을 떠날 거랍니다.
자, 아주 간단한 질문 하나로 시작해 봅시다.

대체 시간이란 무엇일까요?

그게 무슨 바보 같은 질문이냐고요?
하지만 시간에 대해 곰곰이 이야기를 나누다 보면 여러분의 생각이 바뀔지도 몰라요.

왼쪽을 봐요!
교회 탑시계가 5시 55분을 가리키고 있어요.

잠시 후 6시가 되면 해가 도시 너머로 저녁 산책을 떠날 거예요.
그러면 여러분도 집으로 돌아가야 할 테고요. 슬슬 저녁 먹을 시간이니까요!

잠깐만요, 그런데 갑자기 오래된 교회 탑시계가 멈춰 버리면 어떤 일이 벌어질까요?
시곗바늘이 매초 똑딱이며 움직이는 데 지쳤다고 불평하면요?
그러면 부모님은 여러분이 집에 돌아오지 않는다고 걱정하며 머리끝까지 화를 내겠죠.

걱정하지 말아요. 그런 일은 절대로 일어나지 않을 테니까요.
오늘날 독일에 있는 대부분의 교회 탑시계는 브라운슈바이크에 있는 아주 정확한
원자시계와 정확히 맞도록 만들어 결코 시간이 틀리는 법이 없답니다. 적어도 앞으로
몇십 년 동안은 그럴 염려가 없어요.

하지만 여러분 동네에 탑시계가 없으면요? 게다가 시간을 물어볼 사람도 주변에 없다면요?
그러면 시간은 세상에 없는 것일까요? 천만에! 그럴 리가요.
지금 당장 몇 시 몇 분인지 알지 못해도 시간은 있답니다. 그리고 우리는 시계 없이도
시간이 흐른다는 사실도 잘 알고 있지요.

지금은 언제일까?

지금을 기준으로 지금보다 과거가 있고, 지금보다 미래가 있어요. '지금'이라는 시간을 생각하면 늘 재미있어요. 왜냐고요? 지금은 너무 빨리 지나가 버려서, 그 지금을 붙잡으려고 하면 이미 지나가 버린 뒤기 때문이에요.

지금이라는 말은 내뱉는 순간, 지나가 버려요.

"지금."이라고 말하려면 시간이 걸려요. 생각만 해도 시간이 걸리죠. 그래서 나는 지금을 결코 '지금 이 순간'에 붙잡지 못해요. 그렇다면 '지금 이 순간'은 없는 것일까요?

반대로 지금의 이전으로 돌아가거나, 지금의 이후를 미리 경험할 수 있는 사람은 아무도 없어요. 지금 이전은 지나가서 더 이상 존재하지 않아요. 기껏해야 머릿속에서나 존재하죠. 마찬가지로 아무도 지금의 이후 시간을 앞서 가 볼 수 없어요. 그 누구도 결코 미래를 미리 경험할 수 없지요. 우리는 늘 지금 이 순간만 경험할 뿐이에요. 언제든 상관없이, 몇 시든 상관없이 우리는 늘 지금을 살아요.

'지금'이 없거나 '지금'만 있다는, 두 가지 생각 중 어느 하나가 틀렸을까요? 두 가지 생각 모두 맞는 말처럼 들리는데, 함께할 수는 없을까요? 시간은 정말 수수께끼 같아요.

지금이 불확실하다면, 우리는 지금보다 과거가 있고 미래도 있을 거라는 걸 어떻게 확신할 수 있을까요? 시계 없이 시간을 눈으로 볼 수 있는 사람은 이 세상에 아무도 없어요. 그렇다면 우리는 시간이 흐른다는 걸 어떻게 증명할 수 있을까요? 그건 생각보다 간단하답니다.

자, 아래 두 화분을 봐요!

하나는 멀쩡하고, **하나는 깨졌어요.**

여러분은 어떤 것이 먼저 있었고, 어떤 것이 나중 모습인지 알 수 있죠.

무질서를 향해 나아가는 자연법칙

고양이가 지나가며 화분이 깨진 사건처럼, 시간은 무질서가 점점 커지는 방향으로 흘러가요. 애쓰지 않아도 자연스럽게 그렇게 흘러가지요.
잘 모르겠다고요? 그렇다면 여러분의 방을 둘러보세요. 시간이 흐를수록 지저분해지잖아요.

무질서의 정도는 **엔트로피**라고 불러요.
무질서를 다시 질서로 바꾸려면, 그럴만한 근거가 필요해요.
바로 **에너지**가 필요한 거죠.
어지럽혀진 방을 치우려면 힘이 드는 것처럼 말이에요.

얼마나 오랫동안 질서가 유지되었는지를 알면 시간을 측정할 수 있을까요?
글쎄요, 그건 어려워요. 시간을 측정하려면 변화하는 것이 필요해요. 무질서, 다시 말해 엔트로피를 도구로 써야 하죠. 물론 그러려면 규칙적으로 화분이 쓰러져야 할 거예요.
하지만 화분이 규칙적으로 쓰러지지 않아도, 자연스럽게 규칙적으로 일어나는 변화들이 있어요. 아주아주 옛날부터 사람들은 이렇게 시간을 측정해 왔죠. 해가 져서 밤이 되면 하루가 지난 거예요. 생일이 돌아오면 일 년이 지난 거고요. 하지만 해의 움직임을 따라 시간을 측정하면 기준이 되는 변화가 일어나기까지 꽤 오래 기다려야 해요.

만약 시계가 없다면 여러분은 6시와 5시 55분의 차이를 어떻게 알 수 있을까요? 5분은 일 년의 약 십만 분의 일에 해당하는 시간인데, 어떻게 잴 수 있을까요? 시간을 재려면 더 빠르게 반복되는 변화가 필요하지요.

오래된 괘종시계를 살펴봅시다.

괘종시계의 시계추는 좌우로 흔들려요. 아주 규칙적으로요. 시계추가 왼쪽에서 오른쪽으로 움직이면 정확히 1초가 흘러요. 반대 방향으로 움직일 때 다시 1초가 흐르고요. 이렇게 300번 흔들리면, 정확히 5분이 흐른답니다.

이리저리 흔들리는 것을 진동이라고 불러요.

시간을 정확히 재려면, 진동이 빨라야 해요. 오늘날 많은 시계 안에는 작은 수정 결정이 들어 있어요. 수정 결정은 1초에 몇백만 번이나 진동한답니다. 수정 결정은 컴퓨터와 다른 많은 것들의 시간 기준이기도 해요. 괘종시계의 시계추는 하루에도 몇 초씩 틀릴 수 있지만, 수정 결정은 기껏해야 1초 틀릴까 말까랍니다.

가장 작고, 가장 빠른 것

좋은 시계는 빠르게 진동할 뿐만 아니라, 아주 정확하게 움직인답니다. 그렇지 않으면 모든 것이 엉망이 될 거예요. 예를 들어 볼까요?

인터넷을 통해 X라는 정보를 Y라는 정해진 시간에 보내야 한다고 상상해 봐요.

여러분의 컴퓨터는 정확한 시간에 정보를 보냅니다. 그러나 정보를 받는 컴퓨터의 시간이 다르면 문제가 생겨요. 이 문제는 두 컴퓨터의 시계가 아주 똑같이 가야만 해결할 수 있어요. 하지만 두 컴퓨터의 시계를 정확히 똑같은 속도로 가게 맞추는 것은 쉬운 일이 아니에요.

시계추를 예로 들어 볼게요. 시계추는 길면 더 느리게, 짧으면 더 빠르게 진동한답니다. 게다가 두 시계가 똑같이 가려면 시계를 만든 재료도 똑같아야 해요. 시계집을 똑같은 호두나무로 만들고, 다른 재료들도 똑같은 걸 써서 만들어야 하지요. 시계의 위치도 중요해요. 하나는 따뜻한 난로 곁에, 다른 하나는 추운 지하실에 둔다면, 두 시계는 서로 다른 속도로 가요. 그렇다면 이 세상에 정확히 똑같이 움직이는 시계추는 없을까요? 천만에요. 있답니다!

자연에는 늘 정확히 똑같은 것이 있어요. 우리 주변의 모든 것, 심지어 우리 몸을 이루는 가장 작은 단위, 바로 **원자**예요!

여러분이 입고 있는 옷, 여러분의 몸, 이 모두가 원자로 이루어져 있어요. 서로 다른 원자로 이루어져 있기 때문에, 구별하기 쉬워요. 옷은 옷이고, 몸은 몸이니까요.

하지만 같은 종류의 원자들은 완전히 똑같아서 구별할 수 없어요. 그래서 아주 완전히 똑같이 진동한다고 여겨진답니다.

원자는 우리가 상상할 수 없을 만큼 많이 흔들려요. 1초 동안 진동하는 횟수는 원자마다 다르지만, 모두 어마어마한 진동수를 갖는답니다.

빙글빙글 도는 원자

원자는 원자핵과 원자핵 주위를 도는 전자로 이루어져 있어요. 전자는 태양계의 행성들과 비슷하답니다. 행성들도 태양 주위를 도니까요. 그런데 행성들은 어떻게 태양 주위를 돌게 되었을까요?

여러분이 높은 곳으로 공을 던진다고 상상해 봐요. 공은 **중력** 때문에 공은 금방 땅 쪽으로 곤두박질칠 거예요. 그다음은 더 세게 던져 봐요. 그러면 공은 훨씬 더 멀리 날아가다 결국 땅으로 떨어질 거예요. 자, 이제 정말 정말 세게, 불가능할 정도로 세게 공을 던져 봅시다! 정말 정말 세게 던지면, 공은 날고 또 날아 다시 땅으로 떨어지지 않고 아주 멀리까지 갈 거예요. 불가능할 정도로 세게 던졌다면, 쭉 날아가 지구를 빙 돌 거예요. 지구를 한 바퀴 돈 다음에도 멈추지 않고 계속 지구 주위를 돌겠죠.

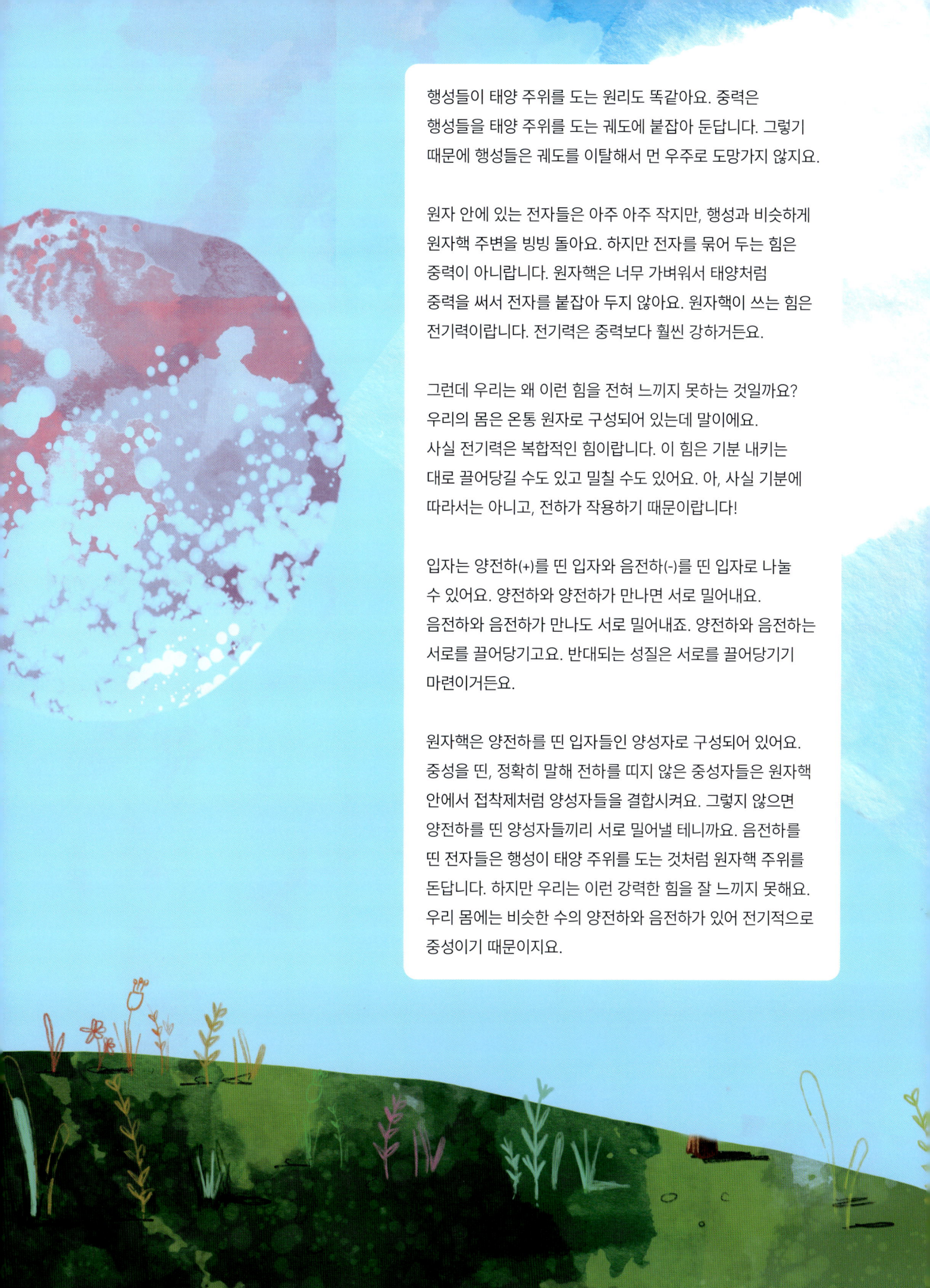

행성들이 태양 주위를 도는 원리도 똑같아요. 중력은 행성들을 태양 주위를 도는 궤도에 붙잡아 둔답니다. 그렇기 때문에 행성들은 궤도를 이탈해서 먼 우주로 도망가지 않지요.

원자 안에 있는 전자들은 아주 아주 작지만, 행성과 비슷하게 원자핵 주변을 빙빙 돌아요. 하지만 전자를 묶어 두는 힘은 중력이 아니랍니다. 원자핵은 너무 가벼워서 태양처럼 중력을 써서 전자를 붙잡아 두지 않아요. 원자핵이 쓰는 힘은 전기력이랍니다. 전기력은 중력보다 훨씬 강하거든요.

그런데 우리는 왜 이런 힘을 전혀 느끼지 못하는 것일까요? 우리의 몸은 온통 원자로 구성되어 있는데 말이에요. 사실 전기력은 복합적인 힘이랍니다. 이 힘은 기분 내키는 대로 끌어당길 수도 있고 밀칠 수도 있어요. 아, 사실 기분에 따라서는 아니고, 전하가 작용하기 때문이랍니다!

입자는 양전하(+)를 띤 입자와 음전하(-)를 띤 입자로 나눌 수 있어요. 양전하와 양전하가 만나면 서로 밀어내요. 음전하와 음전하가 만나도 서로 밀어내죠. 양전하와 음전하는 서로를 끌어당기고요. 반대되는 성질은 서로를 끌어당기기 마련이거든요.

원자핵은 양전하를 띤 입자들인 양성자로 구성되어 있어요. 중성을 띤, 정확히 말해 전하를 띠지 않은 중성자들은 원자핵 안에서 접착제처럼 양성자들을 결합시켜요. 그렇지 않으면 양전하를 띤 양성자들끼리 서로 밀어낼 테니까요. 음전하를 띤 전자들은 행성이 태양 주위를 도는 것처럼 원자핵 주위를 돈답니다. 하지만 우리는 이런 강력한 힘을 잘 느끼지 못해요. 우리 몸에는 비슷한 수의 양전하와 음전하가 있어 전기적으로 중성이기 때문이지요.

전자 다이빙

태양에 가까운 행성일수록, 공전하는 데 걸리는 시간이 짧아요. 우리는 이 사실을 아주 잘 알고 있지요. 태양에서 가장 가까운 수성은 태양을 한 바퀴 도는 데 88일밖에 걸리지 않지만, 가장 멀리 있는 해왕성은 무려 60,148일이나 걸리지요. 해왕성은 태양 주위를 한 바퀴 도는 데 자그마치 164년이 걸리는 셈이에요!

행성들이 태양 주위를 도는 것처럼 전자들도 원자핵 주위를 돌지만, 조금 달라요. 전자들은 정해진 궤도로만 원자핵 주위를 돌 수 있어요. 그러나 한 궤도에서 다른 궤도로 점프를 할 수는 있답니다! 바깥 궤도에서 안쪽 궤도로 점프를 하는 것은 쉬워요. 반대로 안쪽 궤도에서 바깥 궤도로 점프를 하려면 에너지가 많이 필요하지요. 하지만 전자를 일단 가장 바깥 궤도까지 끌어올리면, 전자는 저절로 다시 안쪽으로 떨어져요.

여러분은 다이빙을 해 본 적 있나요? 다이빙대는 3미터 높이의 것도 있고, 5미터 높이도 있어요. 더 높이 10미터짜리 다이빙대도 있지요! 다이빙대 위에 선 여러분이 전자고, 물이 원자핵이라고 상상해 봐요.

아래쪽으로 풍덩! 뛰어내리는 건 아주 쉬워요. 높은 곳에서 낮은 곳으로, 혹은 바깥쪽에서 안쪽으로 떨어지는 전자도 굉장히 힘차게 떨어지지요. 떨어질 때는 에너지가 방출됩니다. 거리가 멀수록, 방출되는 에너지도 더 크답니다. 다이빙을 다시 하려면 우리는 수영장 밖으로 나가 계단을 오르죠. 그런데 안쪽 궤도에 있는 전자는 어떻게 바깥쪽 궤도로 이동할까요? 바깥쪽 궤도로 가려는 전자들은 빛 에너지가 필요하지요.

자, 드디어 양자물리학의 세계로 뛰어들 준비 운동이 거의 끝났네요!

시간을 측정하는 원자

전자가 다이빙하지 않고 수영장 가장자리에 가만히 있는 원자들의 상태는 안정적이죠. 이 상태에서는 아무 일도 일어나지 않아요. 그렇다면 어떻게 해야 원자를 움직일 수 있을까요?

실없는 농담을 던져 잠시 원자의 주의를 산만하게 한 다음, 그 원자의 전자 하나를 뺏어 와 다이빙대로 올라가 볼까요?

다이빙대 위에 올라간 전자는 무서워할까요, 아니면 곧 다가올 즐거움 때문에 설렐까요? 더 높은 에너지 상태로 이동한 전자는 아마 신나서 부르르 떨 거예요. 마치 다이빙대 위 여러분처럼요.

전자는 높이 올라갈수록, 더 빨리 떨어요. 다시 말해, 빠르게 진동하지요. 하지만 이런 떨림만으로는 아직 시간을 측정할 수 없어요. 진동 자체는 시간 측정 단위가 아닙니다. 시간을 측정하려면 **주기**가 있어야 하지요. 또, 앞으로 흐르는지 뒤로 흐르는지 알려면 **방향**도 있어야 하고요. 그래서 정해진 시간 동안 진동을 세어 주는 기계가 필요해요.

사람은 원자에서 일어나는 이런 진동을 셀 수 없어요. 진동이 너무나 빠르기 때문이죠. 다행히 원자에서 일어나는 진동을 세어 주는 전자기기가 있답니다. 그 덕분에 세슘 원자가 1초에 92억 번을 진동한다는 사실을 알아냈어요.

**여러분은 1초에 92억 번을 셀 수 있어요?
아마 아무도 못 할걸요.**

92억 번이라니! 그건 1초마다 창틀에서 바닥으로 곤두박질치는 화분이 92억 개나 된다는 뜻이에요. 지구에 사는 모든 사람의 수보다 더 많은 화분이 깨지는 셈이니까, 그런 일이 실제로 벌어지면 어마어마하게 시끄러울 거예요!

진동을 셀 수 있게 되었으니, 이제 남은 문제는 방향이에요. 시간은 한 방향으로만 흘러가요. 바로 엔트로피, 즉 무질서가 증가하는 방향이 시간의 방향이랍니다. 시간은 질서에서 무질서로 흘러가지요.

멀쩡히 놓여 있던 화분이 엎어져서 깨지는 것은 자연스러운 일이에요. 깨진 조각이 다시 모여 화분이 될 수는 없지요. 다른 표현으로 바꿔 말하면, '똑'이 있고 나서 '딱'이 있는 것이지, 결코 '딱'이 있고 나서 '똑'이 있을 순 없답니다.

우주의 시간

무질서는 **질서**보다 더 많은 공간을 필요로 해요. 우리의 옷장만 생각해 봐도 그렇잖아요. 나는 우리가 살아가는 우주를 늘 거대한 카오스(혼돈)라고 상상해요. 모든 것이 흩어져 널리 퍼지고, 마구 사방으로 날아다니며 무질서 상태가 점점 더 심해지죠.

어느 순간 질서는 사라질 거예요. 하지만 그때가 되려면 아직 어마어마하게 많은 시간이 흘러야 해요. 우주에는 무질서가 있을 자리가 아주 많거든요. 그러니까 미리 두려워할 필요는 없답니다.

과학자들은 시간에 대해 생각하고, 원자의 특성을 이용해 세상 그 어떤 시계보다 정확하게 시간을 잴 수 있는 원자시계를 만들 수 있게 되었죠. 그리고 원자시계를 활용한 여러 가지 기술을 개발했어요. 예를 들어, 글로벌 위성 항법 시스템인 **GPS**처럼요!

원자시계를 쓰면 자동차, 배, 비행기의 정확한 위치를 파악할 수 있어요. 자동차 내비게이션은 우리가 어디에 있는지 1미터도 틀리지 않고 정확히 알아요. 어떻게 그럴 수 있을까요?

위성이 위치 신호를 내비게이션으로 보내면, 내비게이션은 위성 신호가 우리에게 도착하기까지 얼마나 오래 걸렸는지를 측정한답니다. 그러면 위성이 우리에게서 얼마나 멀리 떨어져 있는지를 알 수 있고, 우리가 있는 위치와 목적지의 정확한 위치를 찾아 알맞은 길을 알려 주지요.
이때 시간을 정밀하게 측정하는 것이 아주 중요해서, 위성은 원자시계를 사용해 시간을 측정한답니다! 원자시계를 통해 시간을 똑같이 맞춘 위성이 많을수록, 여러 방향에서 보내는 신호를 분석해 보다 정확한 위치를 알아낼 수 있어요. 시간을 정밀하게 측정할수록, 공간에서의 우리의 **위치**도 보다 더 정확히 알 수 있는 셈이죠.

진동하는 원자들

원자시계들은 현재 우리가 살고 있는 지역의 정확한 시간을 정해 줘요. 여러 원자시계 중에서도 기준이 되는 원자시계가 있는데, 독일의 경우는 브라운슈바이크의 독일 연방 물리 기술원에 있답니다. 이 시계가 모든 시계의 기준이 되지요.

바로 **세슘 원자시계**예요!

물론 과학자들은 지금도 더 정확한 원자시계를 개발하고 있어요. 과학은 늘 더 나은 것을 원하니까요. 그럼 어떻게 더 정확하게 시간을 잴 수 있는 걸까요?

과학자들은 원자를 들뜨게 하는 힘이 더 강할수록, 원자의
진동은 더 빨라져 시간을 보다 더 정밀하게 측정할 수 있다는
사실을 알아냈어요. 하지만 세슘 원자시계의 원자를 들뜨게 하는
힘은 아직 약한 편이에요. 그래서 과학자들은 강한 에너지로
원자를 들뜨게 하는 시계를 만들고자 해요. 시계 속 원자가 더
빠르게 진동할수록, 시간을 더 정밀하게 잴 수 있으니까요.

원자들이 너무 많이 들뜨면 세슘 원자시계처럼 눈에 보이지 않는
진동수인 극초단파 영역에서 진동하지 않아요.

앞으로 과학자들이 만들 원자시계들은 눈에 보이는 빛의 진동수
영역에서 진동하게 될 거예요. 훨씬 빨리 말이에요.

그런데 진동수가 뭐냐고요?
1초 동안 진동한 횟수랍니다.

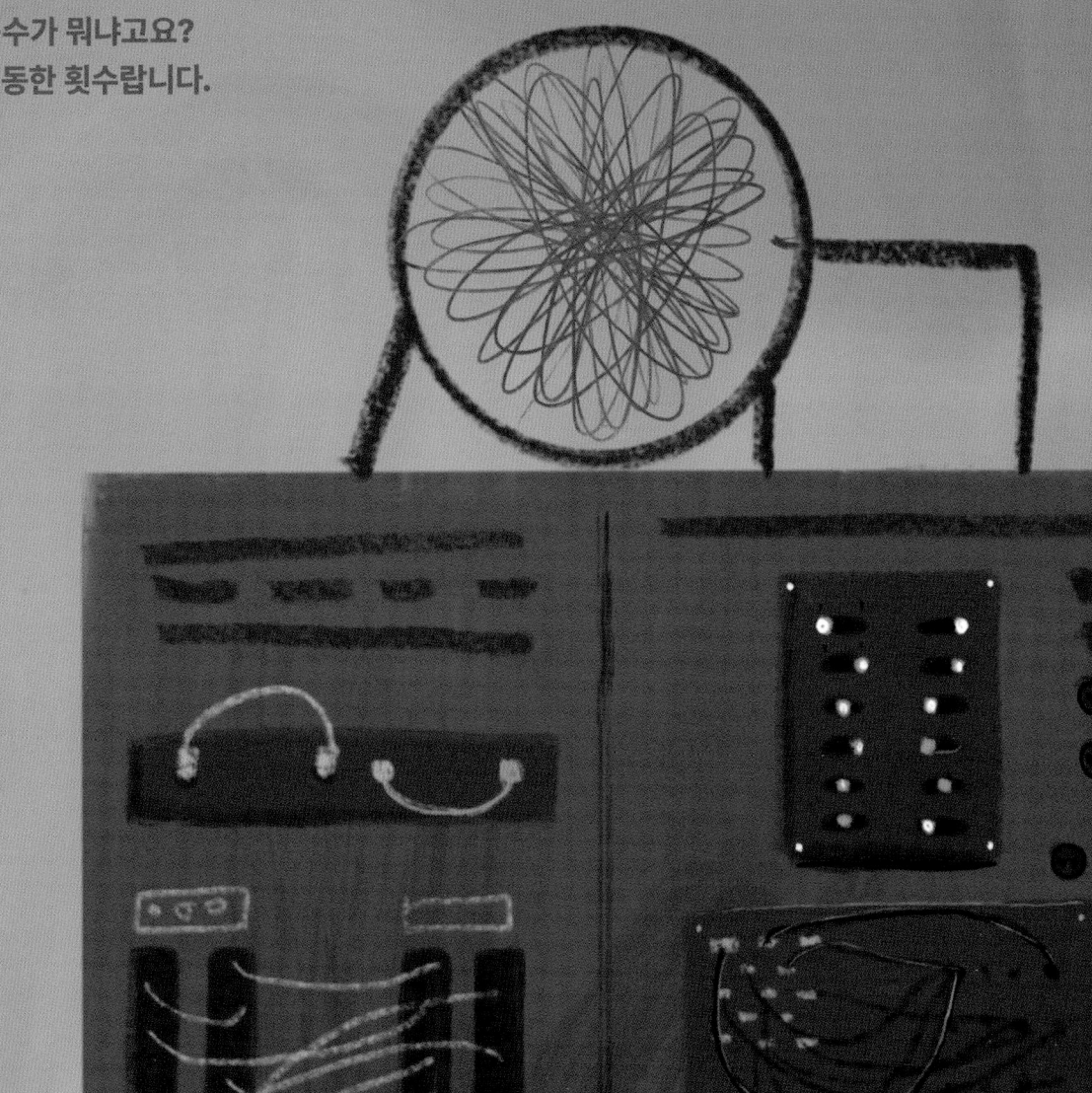

지금 몇 시지?

과학자들은 우주가 생겨난 이래, 즉 빅뱅 이후 오늘날까지 원자시계가 1초도 틀리지 않았을 거라고 말해요.
그게 진짜일까요? 원자시계가 정확한지, 그렇지 않은지를 확인하고 싶을 땐 어떻게 해야 할까요?

원자시계의 오차를 측정하려면, 원자시계가 하나 더 필요하겠죠!
그래서 과학자들은 두 번째 원자시계를 만들었어요.

그 결과 과학자들은 깜짝 놀랐지요. 왜냐고요? 두 원자시계가 똑같이 가지 않았거든요.
세상에서 가장 정확한 시계들인데, 시간이 다르다니!
과학자들은 대체 무엇을 놓쳤을까요?

수수께끼의 답은 바로 중력이었어요.

중력은 지구 위에 있는 모든 것을 땅으로 떨어지게끔 하는 신기한 힘이에요. 잘 익은 사과가 둥실둥실 달까지 날아가지 않고 땅으로 툭 떨어지게 하는 힘이죠. 심지어 아주아주 강한 중력은 우주 공간을 휘게 할 수도 있답니다.

두 번째 원자시계는 첫 번째 원자시계가 있는 건물보다 약간 더 높은 건물에 놓여 있었어요. 땅에서 좀 더 많이 떨어진 탓에, 두 번째 원자시계에 미치는 중력이 아주 조금 작았던 거예요. 우리는 알아차리지 못할 만큼이지만, 원자시계에는 아주 큰 차이였죠!

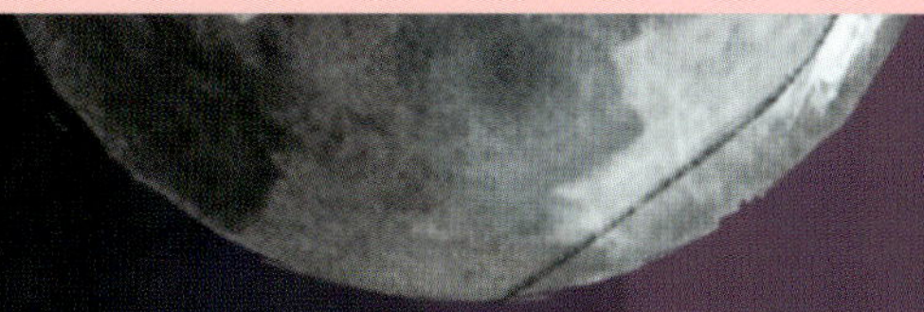

지붕 위의 시간은 지하실의 시간과는 다르게 간다.
이 사실을 발견한 사람은 세상에서 가장 유명한 물리학자 알베르트 아인슈타인이에요. 아인슈타인은 시간에 대해 많은 연구를 했어요. 그리고 자신이 발견한 일반상대성이론으로 중력이 강할수록 시간이 더 느리게 흐른다는 걸 설명했어요. 시간이 절대적이지 않고 상대적이라고도 주장했고요.

잠깐만요! 장소에 따라 시계가 다르게 간다면, 대체 지금은 몇 시인 걸까요? 믿기 힘들겠지만, 시간은 장소에 따라 정말로 다르게 흐를 수 있답니다. 앞으로 더 나은 원자시계를 만들면, 시간을 점점 더 정확하게 측정할 수 있을 거예요.

양자라는 이름이 붙은 것

세상의 모든 것은 **입자**로 이루어져 있어요. 지금 이 책도, 책을 든 여러분의 손도, 고양이도, 학교도, 도시도, 나라도, 지구도, 달도, 우주도, 정말로 모든 것이 입자들로 이루어져 있지요. 앞서 다뤘던 것처럼 양성자, 전자, 중성자로 말이에요. 그러면 대체 **양자**는 입자와 무엇이 다를까요?

과학자들이 양자라는 것을 발견한 지 100년이 훌쩍 넘었답니다. 과학자들은 처음에 양자를 작은 에너지 꾸러미라고 생각했죠. 양자에 대해 각기 다른 주장이 넘쳐났어요.

양자(Quantum)는 라틴어로 "얼마만큼, 얼마나 많이"라는 뜻이에요. "뭔가를 얼마나 많이 가지고 있을까?", "에너지를 얼마나 많이 가지고 있을까?"라는 질문인 셈이죠. 우리는 이 질문에 측정을 해서 대답할 수 있어요.

그래서 측정은 양자물리학의 핵심이에요. 과학자들은 원자핵이 얼마나 많은 양성자를 가지고 있는지 궁금해하지요. 또 얼마나 많은 전자가 원자핵을 돌고 있고, 이 전자들이 얼마나 많은 에너지를 가지고 있는지를 알고 싶어 해요.

에너지 꾸러미인 양자는 어떤 특성을 가질까요?

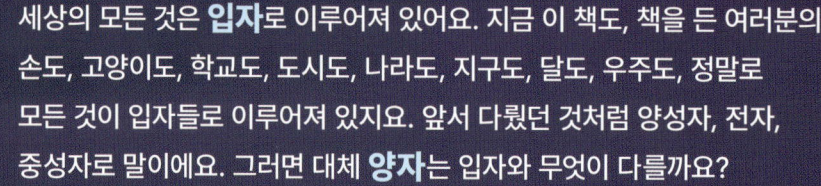

이제부터 이야기가 좀 어려워져요.

**초기의 양자물리학자들은 입자가 그냥
입자만이 아니라, 파동이기도 하다는 걸
알아냈지요. 입자인 동시에 파동으로도
존재한다는 사실 말이에요!**

입자는 때로는 파동으로, 때로는 입자로 나타나요.
그 결과는 입자를 어떤 상황에서 포착하느냐에 따라
달라지지요. 물리학자들의 말로 표현하자면, 우리가
대상을 어떻게 측정하느냐에 따라 달라지는 거예요.
좀 더 정확히 말하면, 늘 입자이자 파동인 셈이에요.
이게 무슨 뜻이냐고요? 표현을 바꿔 볼게요.
양자물리학 이전의 고전 물리학에서는 입자가
언제나 한곳에 있다고 여겼어요.

**여기에 있는 입자는,
저기에 있지 않아요.**

**파리에 있는 입자는
뉴욕에 있지 않고,
그 어느 곳에도 있지 않아요.
늘 한곳에 있다고 생각했지요.**

입자는 파도와 같아요

입자가 파동이라면, 모든 것은 달라져요. (음, 정확하게 말하면 완전히 다르지는 않겠죠.)
여러분은 파동도 이미 한곳에 있지 않느냐고 되물을지도 몰라요.

왜냐하면 우리는 바닷가에 가서 이렇게 외치니까요.

저기 파도가 있어!

하지만 파도가 어디 있는지 정확히 정의하기 힘들어요.
파도는 굉장히 길고, 넓고, 계속 움직이니까요.
그래서 과학자들은 파도가 한곳에 있다고 말하지 않죠.

파도에 대해 좀 더 깊이 생각해 봐요. 파도를 물끄러미 바라보면 굉장히 신기하지요.
방금 파도를 이루었던 물은 분명 그 자리에 있지만, 더 이상 내가 보고 있는 파도는 아니랍니다.
방금 전까지 파도에 속하지 않았던 다른 물이 지금 보고 있는 파도를 이루거든요.

지금은 이것이,
다른 때는 저것이
파도를 이룬다면……

파도란 대체 무엇일까요?

파도를 이루던 한 개의 물 입자를 정해 그 움직임을 정확히 추적해 볼까요? 그러면 파도를 이루는 입자는 우리가 알아차릴 수 있는 일정한 규칙 없이 그냥 마구 날아다닐 거예요. 하지만 각각의 입자들은 자신이 성질대로 움직이기 때문에, 우리는 입자 하나의 경로를 이론적으로 계산할 수 있지요. 하지만 입자가 세 개 정도로만 늘어나도 곧 엄청난 혼돈이 찾아든답니다! 그래서 입자가 어떻게 움직일지 아무도 정확하게 말할 수 없어요. 파도 속의 각각의 물 입자는 홀로 움직여요. 우리 눈에는 파도가 상당히 일정하게 해안으로 밀려드는 것처럼 보이지만 말이죠. 겉은 질서 정연한데, 그 안에선 완전히 야단인 셈이에요! 그리고 더 이상한 일이 벌어져요. 파도를 이루는 입자들은 해낼 수 없는 일을 파도가 하기 때문이죠.

입자는 모든 것에서 언제나 튕겨져 나와요. 바람이 불 때, 여러분 피부에서 먼지가 풀풀 날아오르듯 튕겨져 나오죠. 그러나 바다의 파도는 그냥 여러분 곁을 스쳐 지나가요. 입자로 이루어져 있는데도 말이죠.

**물 입자들이 모여 만든 파도가
입자는 할 수 없는 일을 하는 거예요!**

양자 방울이 무엇일까?

"물질을 이루는 기본 입자가 있을까?"

이 질문은 아주아주 오래전부터 사람들이 궁금해했던 질문이에요. 고대 그리스인들은 원자(Atom)를 기본 입자라고 여겼죠. 그리스어로 '쪼갤 수 없다(atomos)'는 뜻에서 나왔답니다. 하지만 이제 기본 입자들이 원자보다 훨씬 작다는 사실을 알게 되었어요.

아주 작고 기본이 되는 입자를 **기본 입자**라고 부른답니다.

더 이상 나눌 수 없는 입자, 우리가 생각할 수 있는 가장 작은 알갱이인 것이죠. 레몬을 반으로 나눌 수는 있지만, 전자를 반으로 나눌 수는 없어요.

전자는 기본 입자라서 더 이상 나눌 수가 없지요.

그리고 전자는 원자 안에서 원자핵 주변 궤도를 돌아요.

조금 더 자세히 살펴볼까요?

양자물리학자들은 전자를 입자인 동시에 파동이라고 말해요.

어떤 때는 입자의 성격을 보이고, 어떤 때는 파동의 성격을 보이니까요. 입자가 지금 어떤 성질을 띠는지는 어떻게 측정했는지에 따라 달라져요. "너 지금 입자야, 파동이야?" 혹은 "조그만 친구야, 너 지금 어디에 있니?"라고 묻고 싶을 때 측정을 한답니다.

파동의 성질을 갖는 전자는 공간에 분산돼 있어요. 파동은 정해진 길이를 가지는데, 그것을 **파장**이라 부르죠. 파장은 파동이 공간에서 얼마나 퍼져 있는가를 측정한 값이기 때문에 정확한 수로 나타낼 수 있어요. '퍼져 있다'는 말이 이상하게 들릴 테지만, 이렇게밖에 표현할 수 없네요. 그리고 극히 예외적인 경우를 제외하고는 입자가 파동으로 나타날 때, 입자의 정확한 위치는 알 수 없답니다.

그래서 전자는 여러 장소에 동시에 있다고 할 수 있어요. 하지만 대략적으로 어느 만큼의 범위에 흩어져 있는지 그 크기를 추정할 수는 있지요. '전자가 얼마만큼의 길이와 얼마만큼의 너비로 번져 있다'고 말이에요. 하지만 어디에 있든 상관없이, 똑같은 전자예요. 이제부터 이런 입자를 **양자 방울**이라고 부를게요. 마치 물방울이나 비눗방울처럼 말이에요. 전체가 어딘가에 퍼져 있기 때문이에요. 모두 똑같은 방울이지요!

방울의 세계

방울이 얼마나 퍼져 있는지 말해 주는 파장은 방울이 얼마나 무거운지에 따라 달라요. 그러니까 (기본) 입자의 질량에 따라 달라지는 거죠. 입자의 무게를 결정하는 요소인 질량을 알아내야 해요! 질량이 작을수록, 그러니까 가벼우면 가벼울수록 방울은 더 넓게 퍼져 있어서 양자물리학적 파장이 길어져요. 모든 입자들은 물질의 파동이기도 하니까요.

또 입자가 운동하는 속도 역시 파장에 영향을 미쳐요. 전자가 원자핵 주위를 느리게 돌수록, 파장은 더 길어지지요.

앞서 원자 안에 전자 말고 또 무엇이 있다고 했는지 기억하나요? 한가운데에는 전자보다 훨씬 더 무거운 원자핵이 있어요. 원자핵은 무거워서 아주 아주 정확히 보지 않으면 거의 물체라고 여겨져요. 자세히 들여다보면 원자핵 역시 파동이거든요.

하지만 원자핵 주위를 도는 전자들은 원자핵보다 훨씬 가벼워요. 그래서 전자들은 분명하게 파동으로 나타나지요. 전자보다 훨씬 거대한 원자핵 주변을 둘러싸기에 충분할 만큼 파장이 긴 경우도 많답니다.

그래서 전자는 행성처럼 한곳에 있지 않아요. 전자는 원자핵을 둘러싼 궤도 곳곳에 동시에 존재하다시피 하지요. 각각의 위치마다 전자가 존재할 확률이 모두 같지는 않지만요.

원자 중 가장 단순한 원자는 **수소 원자**예요. 수소 원자는 원자핵 외에 단 한 개의 전자만 가져요. 하나의 양자 방울만 있는 셈이지요. 이 전자는 원자핵을 안개처럼 둘러싸고 있어요. 안개가 짙을수록, 그곳에 전자가 있을 확률이 높지요. 안개가 없으면 전자도 없고요!

두 개의 문을 동시에 통과하는 법

갈림길에 섰는데 왼쪽 길로 가야 할지, 오른쪽 길로 가야 할지 몰라 난감했던 적이 있나요?
이 길로 갈까, 저 길로 갈까? 계단을 올라갈까, 내려갈까? 왼쪽 문을 통과할까, 오른쪽 문을 통과할까?
우리는 두 갈래 길 중 오직 한 가지만 고를 수 있어요. 하지만 양자 방울은 그런 선택을 할 필요가 없어요. 왜 그러냐고요? 다시 처음부터 천천히 설명해 볼게요.

우리는 방금 파동이 넓게 퍼져 있다는 사실을 살펴보았어요. 파동에는 볼록하게 솟은 마루와 움푹 꺼져 있는 골이 있지요. 마루와 골은 바다에 가면 쉽게 볼 수 있지요. 파도 두 개가 만나면 어떤 일이 일어날까요? 파도의 마루끼리 만나면, 많은 물이 모이게 돼요. 모인 물은 어디로 갈까요? 다른 파도의 위로 갈 거예요. 그래서 파도의 마루가 서로 합쳐지면 파도가 더 높아져요. 마루와 마루가 만나면, 두 배로 높은 파동 마루가 생기지요. 마루와 골이 만나면 어떻게 될까요? 마치 높은 마루가 푹 꺼진 골로 쏟아져 들어가듯이 파동의 높이가 0과 비슷해진답니다. 이 두 가지를 바로 파동의 **간섭**이라고 불러요.

파도가 작은 틈이 있는 벽을 통과한다고 상상해 봐요. 그러면 파도는 벽 뒤에서 동그라미를 그리며 퍼져나갈 거예요. 연못에 돌멩이를 던졌을 때 동심원이 퍼지는 것처럼요. 그런데 벽에 틈이 하나만 있지 않고 두 개의 틈이 있으면 어떻게 될까요? 그러면 벽 뒤에서 두 개의 파동이 생겨나고, 그 파동들은 퍼져나가다가 서로 겹치며 고유의 패턴이 만들어지지요. 이것을 간섭 패턴이라고 부른답니다.

자, 이제 실험실로 돌아와 전자 하나를 벽의 아주아주 조그만 틈으로 쏘아 볼게요. 양자 방울은 파동이기도 해서, 이때도 틈을 통과하면서 전형적인 파동이 생겨나지요. 그리고 첫 번째 틈 옆에 또 다른 틈이 있으면, 이중으로 파동이 생긴답니다. 마치 파도처럼요.

이제 이해했죠? **양자 방울**은 파동이에요. 전자를 발견할 확률이 모인 파동이죠. 전자는 확률적으로 어디에 있을까요? 어느 한곳에 있을까요? 전자가 왼쪽 길 혹은 오른쪽 길을 선택해 벽을 통과할까요? 우리는 기껏해야 한쪽을 선택해야 하지만 방울은 그렇지 않아요. 절반씩의 확률로 왼쪽 틈과 오른쪽 틈을 통과하지요. 동시에 말이에요! 확률은 나뉠 수 있어요. 하지만 입자는 나뉠 수 없잖아요. 머리가 어질어질한가요? 하지만 이렇게 이해할 수 없는 것이 바로 양자 방울의 세계랍니다.

우연과 확률

'아마도'라는 말을 좋아하는 사람은 별로 없을 거예요. "아마도 곧 날씨가 좋아질 거야." "아마도 곧 용돈을 더 많이 받게 되겠지." "아마도 새로운 게임이 출시될 거야!" 다들 왜 확실하게 말하지 않는 걸까요? '아마도'라는 표현이 더해지면 왠지 확실하지 않고, 추측인 듯도 하고, 둘러대는 듯도 하고, 깊게 생각하지 않고 섣불리 꺼낸 이야기처럼 들려요. 통제할 수 없고, 구체적이지 않으며, 무성의한 듯도 하고, 어쨌든 예측이 불가능하죠. 하지만 물질의 가장 깊은 근원에는 손에 잡히는 물체가 없고, 확실한 것도 거의 없다는 게 분명한 사실이에요. 그러니까 확실히 우연과 확률의 세계이지요. 우리가 사는 세상의 기초는 우연과 확률로 이루어졌답니다. 과학자가 세상을 정확하고 확실한 토대 위에 세우고 싶어 할 거라고 생각한다면, 확실한 오해랍니다!

그렇다고 과학자들이 예측할 수 없는 세계 때문에 골치를 썩이는 것만은 아니에요. 오히려 그 반대랍니다. 확률은 정확히 계산할 수 있거든요! 소수점 아랫자리까지 계산할 수 있지요. 양자물리학자들은 확률을 정확하게 예측할 수 있다고 자신한답니다! 확률을 정확하게 계산하는 것이 중요하다고 말이지요. 결국은 우연이 작용하지만요.

그러니까 전자 방울은 어느 정도의 확률로만 한곳에서 만날 수 있다는 뜻이에요. 보통은 확률을 벗어나지 않죠. 우리가 알고 있는 정보가 부족해서 정확하게 알 수 없는 것이 아니고, 그게 바로 자연 법칙이랍니다.

그래서 측정할 때마다 어떤 결과가 나올지는 아무도 몰라요. 결과는 우연하니까요. 바꿔 말하면 **대상적 우연**이죠. 우주조차도 스스로 예측할 수 없는 우연, 명확한 원인 없이 생겨나는 우연을 우리는 이렇게 부른답니다.

객관적인 우연은 최고로 완벽한 우연이에요. 복권 추첨보다 더 무작위적이니까요. 양자물리학의 질문은 우연하지 않지만, 그 대답은 우연한 셈이지요.

빵 반쪽과 방울의 절반

고대 그리스의 철학자 아리스토텔레스는 "시작이 반이다."라고 말했어요. 하지만 모든 것을 반으로 나눌 수 있을까요? 빵? 그건 당연히 반으로 나눌 수 있죠! 사과도 반으로 나눌 수 있을까요? 물론이죠. 그렇다면 양자 방울은요? 이건 그럴 수도 있고, 아닐 수도 있어요.

양자 방울은 동시에 여러 장소에 있을 수 있잖아요. 양자 방울에게 정확히 두 장소에 있을 수 있게 하면 무슨 일이 일어날까요? "방울아, 저기 문 두 개가 보이지? 그 두 개 중 어떤 문으로 나갈지 네가 고르렴." 그러면 양자 방울은 동시에 두 개의 문을 통과할 거예요! 이 결과는 언제나 놀라워요!

그럼 정말 더 이상한 얘기를 꺼내 볼까요?

절반으로 나눈 양자 방울은 빵이나 사과의 반쪽들과 달라요. 양자 방울의 절반을 다른 사물의 절반처럼 생각하면 안 돼요. 그것은 확률의 반쪽들이거든요! 사람들이 아주 정확하게 들여다보지 않는 한, 양자 방울은 늘 확률적으로 어딘가에 있어요. 물론 아주아주 정확히 들여다보면 양자 방울은 자신의 위치를 알려주겠지만, 그게 아니라면 양자 방울은 두 개의 문을 통과할 수 있답니다. 양자 방울은 두 개의 문, 아니, 원래는 두 개의 틈을 통과한 뒤, 두 개의 파동을 이루며 서로 중첩되지요.

다만 양자 방울은 바다의 파도가 아니고, **확률의 파동**이란 사실을 잊지 마세요! 여기서도 앞서 살펴보았던 파동의 원칙은 동일해요. 마루와 마루가 만나면 더 높은 마루가 생기고, 마루와 골이 만나면 0이 돼 버리죠. 바다의 파도처럼, 확률 파동에서도 간섭 패턴이 생긴답니다.

초능력을 가진 양자 방울

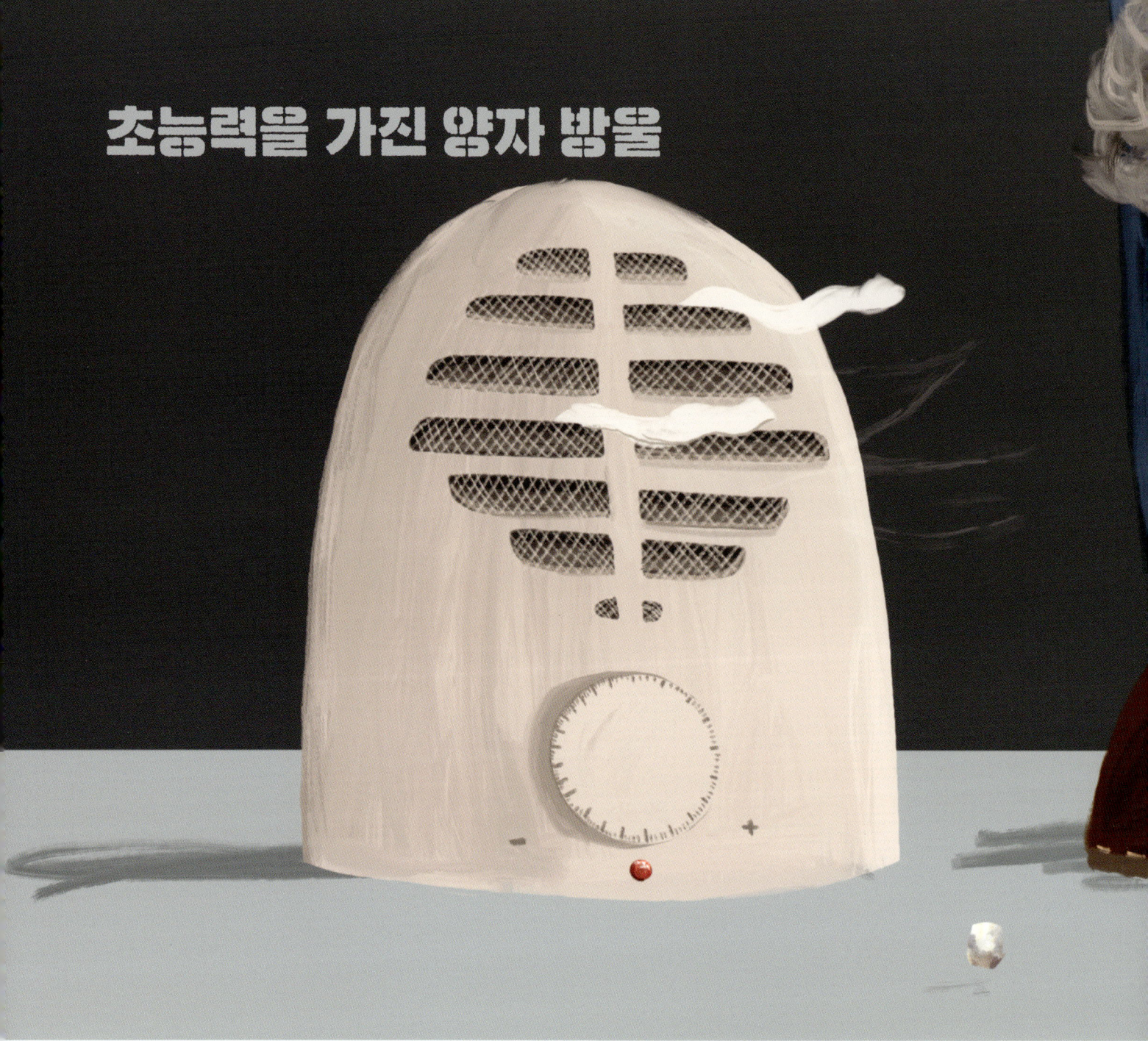

여러분에게 초능력이 있다고 상상해 봐요. 누군가 찾을 때마다 여러분이 어디에든 나타나는 초능력이 있다면 부모님이 아주 좋아하시겠죠?

믿을 수 없겠지만, 양자 방울이 바로 이런 초능력을 지니고 있어요. 우선 우리의 시선, 즉 우리의 측정이 양자 방울에게 한곳을 선택하게 만드는 거죠. 양자물리학에서는 이것을 "파동함수가 오그라들었다"고 표현한답니다. 파동은 어디에나 있을 수 있는 확률이라, 한곳에만 존재하면 파동도 더 이상 없는 거니까요. 그렇다면 우리는 왜 두 개의 문을 동시에 통과할 수 없을까요?

그것은 **드브로이 파장** 때문이에요. 프랑스의 물리학자 드브로이는 질량이 클수록 파장이 작다는 이론을 발견했답니다.

유감스러운 일이지만, 우리는 양자 방울보다 아주 커요. 그래서 우리가 동시에 두 개의 문을 통과하려면, 문이 나란히 붙어 있어야 하죠. 그리고 그 문들은 아주 좁고, 작아야 해요. 물론 새끼발가락보다 더 작은 문을 통과하기엔 우리 몸은 너무 커요. 하지만 전자는 굉장히 작아서, 거의 크기가 느껴지지 않죠.

아, 물론 양자 방울은 아주아주 낮은 온도로 얼리면, 그렇게 작지는 않아요. 잠깐만요, 양자 방울을 왜 얼리냐고요? 그야 양자 방울이 우리가 측정할 수 있을 정도로 커야 하기 때문이죠.

양자 방울의 크기는 두 가지 요인으로 정해져요. 첫째는 **질량**이에요. 질량이 작을수록 양자 방울은 더 많이 퍼져나가요. 둘째는 **속도**예요. 전자의 속도가 느릴수록, 보다 더 양자 방울스러운 성격을 띤답니다. 그런데 속도는 온도와 상관이 있어요. 낮은 온도에서 전자는 속도가 더 느려지고, 파장이 더 커진답니다.

어때요, 이제 여러분도 전자가 두 개의 문을 동시에 통과하는 초능력을 어떻게 쓰는지 알 수 있겠죠?

양자를 눈에 보이게 만들기

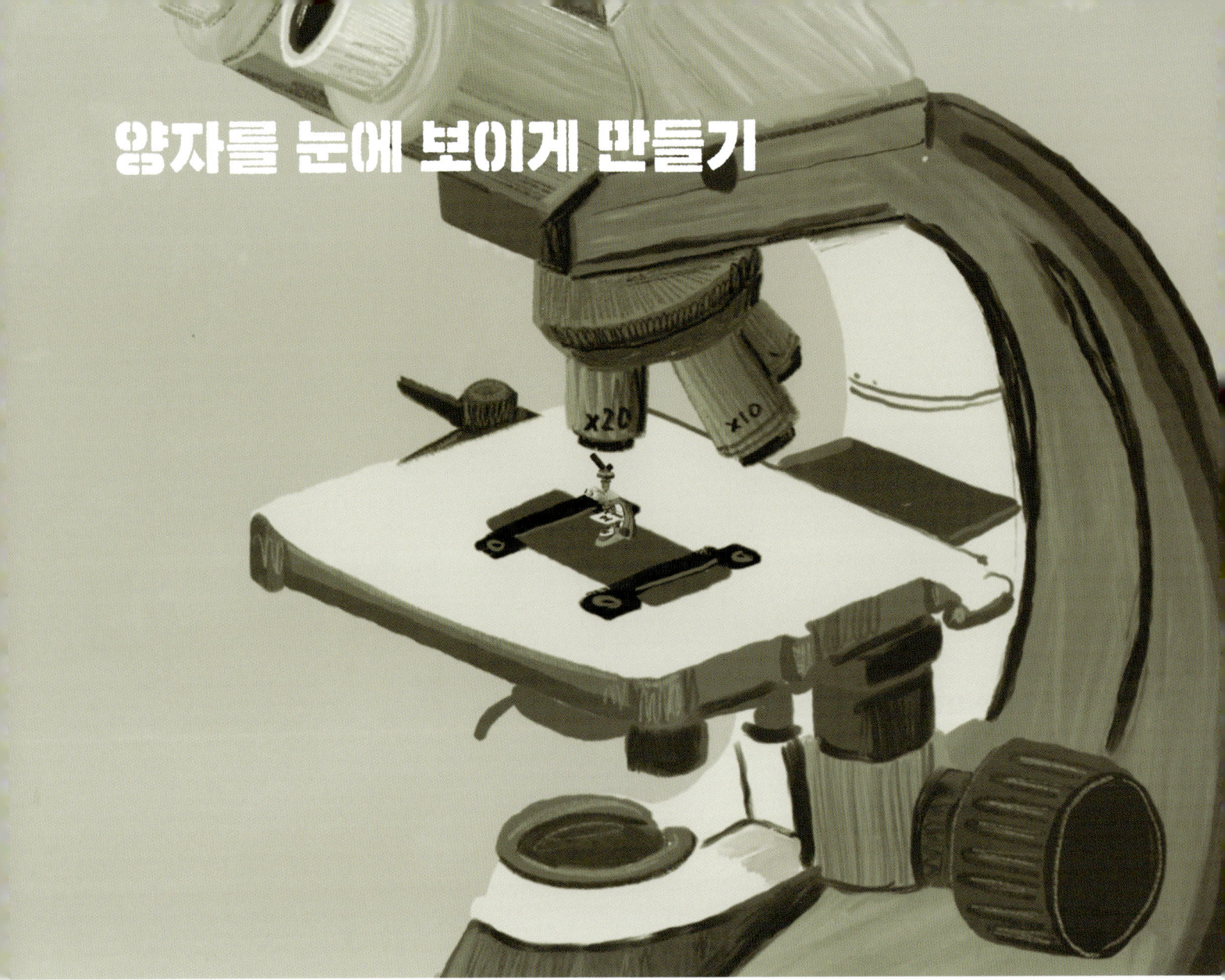

양자의 파동은 엄청 미세해요. 현미경으로도 쉽게 볼 수 없어서, 현미경 렌즈에 현미경을 하나 더 겹치고, 그 위에 또 현미경을 겹쳐도 보이지 않을 정도랍니다. 양자는 얼마나 작을까요? 또 양자의 파동을 보려면 어떻게 해야 할까요?

안타깝게도 양자의 구조는 양자의 파장이 빛의 파장 정도가 되어야만 비로소 정확히 분간할 수 있어요. 빛이 없으면 아무것도 보이지 않잖아요.

빛도 파동이에요. 그러나 입자가 없는, 더 정확히 말하자면 질량이 있는 입자가 없는 파동이지요. 전자와 빛은 달라요. 전자는 작지만, 질량이 있어요. 하지만 빛의 입자는 질량이 없어요.

빛의 입자는 **빛알(광자)**이라고도 불러요. 빛알은 공간에서 진동하며 퍼져 나간답니다.

태양에서 출발한 빛알은 창문을 통과해, 여러분이 지금 읽고 있는 바로 이 책의 페이지로 떨어져요. 그래서 우리는 뭔가를 읽고, 볼 수 있는 거예요. 뭔가를 보려면 눈이 필요하고, 뭔가를 들으려면 귀가 필요하고, 뭔가를 만지려면 손가락이 필요한 것처럼, 양자를 보기 위해서는 적절한 기기가 필요하답니다.

적절한 기기를 만들기 위해서는 양자만큼 작은 것이 필요해요. 우선 매끈하게 윤이 나는 구리 표면에 철 원자를 고리 모양으로 만들어 올려놓아 볼까요? 원자도 엄청 작으니까요. 그러면 철 원자들이 점처럼 보일 거예요. 질량이 충분하기 때문이죠.

자세히 들여다보면 고리 모양의 안쪽에 수영장 같은 것이 생겨나요. 우리는 이 수영장 한가운데에서 파동을 확인할 수 있어요. 이 파동은 뭐냐고요? 맞아요. 전자들이에요! 전자들은 이 작은 양자 수영장 안에 붙잡혀 있는 셈이죠. 우리는 아주 특수한 현미경으로 그것을 볼 수 있고요.

원자들은 마치 성질 고약한 수영장 관리인처럼, 전자들이 양자 수영장에서 빠져나가지 않도록 붙잡고 있는답니다.

양자 세계로 떠난 걸리버

소인국에 간 걸리버 이야기를 들어 본 적 있나요? 소인국은 몸집이 아주 작은 사람들이 사는 나라였지요. 갑자기 왜 이런 얘기를 꺼내냐고요? 소인들이 자기 몸을 밧줄로 꽁꽁 묶어 놓자, 비로소 걸리버는 소인들의 세계가 생각보다 자신에게 많은 영향을 미친다는 사실을 깨달았어요.

양자의 세계도 이 이야기와 비슷해요. 전자와 양자는 아주아주 작지요. 그리고 세계의 모든 것, 심지어 우리의 몸, 우리의 뇌까지도 모두 양자로 이루어져 있어요. 그러니 아무리 미세하다 해도 우리에게 영향을 미치지 않을 수 없지요. 우리가 알아차리지 못할 뿐이죠. 소인들에게 묶인 걸리버처럼 우리가 양자에 사로잡혀 살고 있는 건 아닐까요?

양자물리학자들은 보통 이런 질문에 고개를 저어요.
"아니에요! 두 세계는 본질적으로 달라요. 양자의 세계는 아주 작고, 우리의 세계는 크죠."
그렇다면 작은 세계(미시 세계)와 큰 세계(거시 세계)의 경계는 정확히 어디쯤일까요?

원자는 작고, 축구공은 크다.
당연한 말이라고 생각하겠지만,
입자로 작은 축구공을 만드는
양자물리학자들도 있답니다.

입자가 모여 작은 축구공처럼 연결된
분자를 **버크민스터풀러렌**이라고
불러요. 길고 우스운 이름이죠? 줄여서
풀러렌이라고도 불리는 이런 분자는 작고, 속이
빈 구인데, 60개의 탄소 원자로 이루어져 있지요.
원자들이 연결된 모양이 꼭 축구공을 닮았답니다.

미국에서 미식축구는 굉장히 인기 많은
스포츠랍니다. 그래서 미국의 물리학자들은
70개의 탄소 원자로 버크민스터풀러렌을 만드는 걸
좋아해요. 꼭 미식 축구에서 사용되는 타원형 공을
닮았죠. 계란 같기도 하고요.

미시 세계와 거시 세계 사이의 경계는 어디일까요?
원자 60개, 혹은 70개가 모였다고 경계가 나뉘지는
않겠지요. 과학은 모든 자연법칙을 실험해요.
그러다 보면 커다란 놀라움으로 이어지기도 하지요.
이젠 무려 2,000개의 원자로 구성된 생물학적
분자로 파동의 간섭을 일으키는 실험을 할 수
있답니다! 이런 분자는 아주 커서, 손에 닿으면
느껴질 정도예요. 걸리버 이야기 속 소인들처럼
말이에요. 하지만 이런 분자도 양자 방울처럼
어느 때는 파동으로, 어느 때는 입자로 행동하지요.

연구를 통해 양자 세계의 경계는 계속 확장되고
있어요. 우리는 이 놀라운 현상을 언젠가 맨눈으로
쉽게 볼 수 있게 될지도 몰라요.

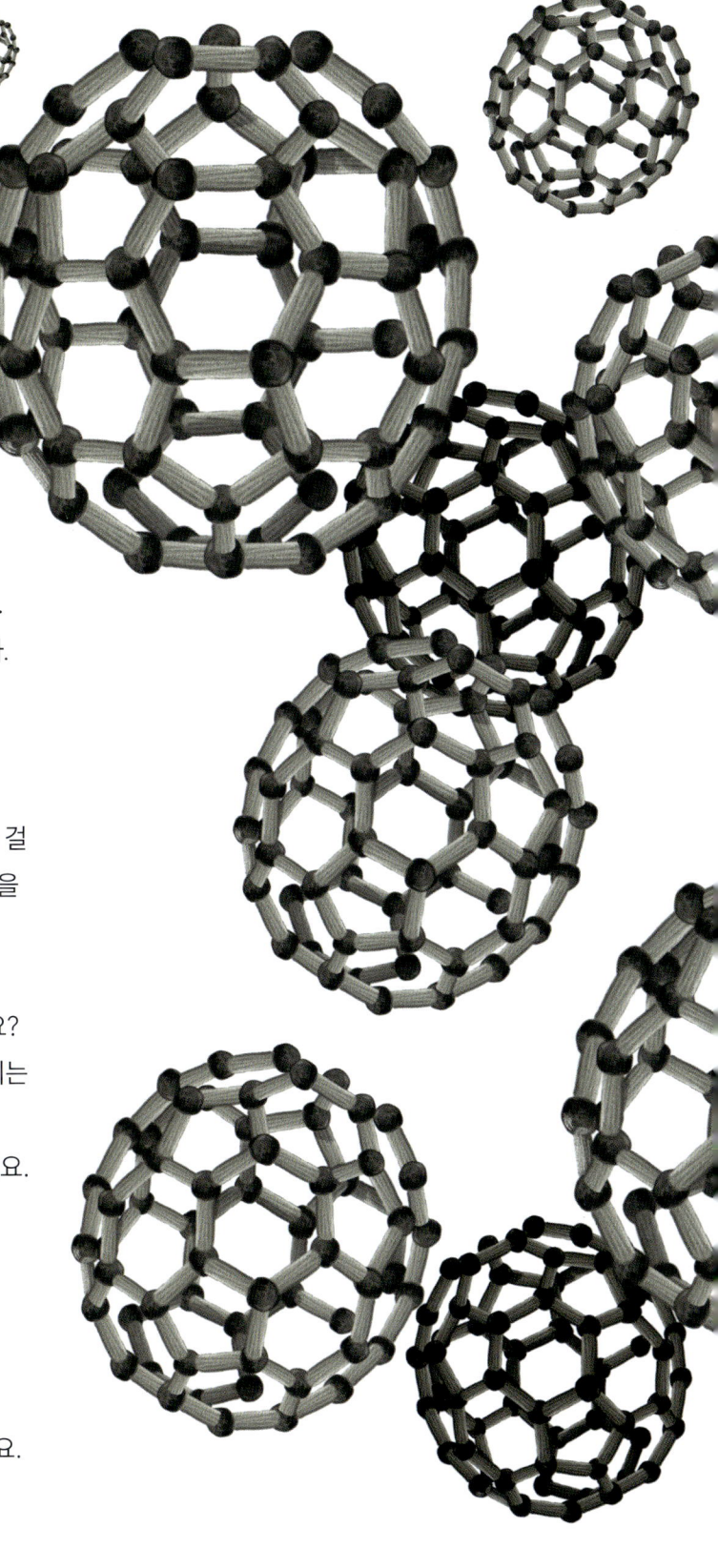

원자와 함께 석기시대로

앞에서 살펴보았듯이 원자들은 시간을 측정할 수 있고, 양자들을 보이게 할 수도 있어요. 또 무엇을 할 수 있을까요? 설마 하늘도 날 수 있을까요? 맞아요, 원자는 드론에 실려 하늘을 날아다녀요!

드론에 장착된 **자력계**에도 원자들이 있어요. 원자는 미세한 자석이기도 하니까요. 자력계는 **자기장**이 얼마나 센지를 측정하는 기계인데, 매의 눈보다 더 예리하게 사물을 분별한답니다. 자력계 속 원자는 우리 생각보다 더 많은 일을 하지요.

고고학자들은 이런 자력계를 활용해 땅을 살피며 자연 그대로가 아닌 구조물, 예를 들어 고대 도시의 벽 같은 걸 찾아내죠.

자력계 속 원자가 땅 아래에서 자기장을 감지하면 어떤 일이 일어날까요?

자력계 속 원자가 자기장을 감지하면 원자의 진동수가 변해요. 자기장이 전자를 잡아당기기 때문이죠. 아주 작은 힘이지만, 그것만으로 충분하답니다! 진동을 굉장히 정확히 측정하는 기술이 있기 때문이에요. 이전의 진동수와 바뀐 진동수의 차이를 계산해, 땅속 자기장의 크기를 측정하는 거죠.

우리는 자기장을 통해 공중에서 고대 로마의 도로나 게르만족이 옛날에 살았던 마을, 혹은 석기시대의 무덤을 찾아낼 수 있답니다. 대체 어떻게 그럴 수 있냐고요?

옛날 사람들은 주변의 나무와 돌 들을 사용해 건축을 했겠죠. 또는 쇠못이나 식물을 엮어 만든 끈도 썼을 거예요. 집이나 건물을 지을 때 사용하는 여러 재료는 약간의 자성을 띠고 있지요. 옛날 사람들이 만든 신전이나 주거지, 요새 등 많은 건축물은 일종의 자기적 지문을 가지고 있는 셈이지요. 드론 속 자력계는 이런 자기적 지문을 공중에서 탐지할 수 있답니다.

최근에는 심지어 자력계에 도움을 주는 박테리아도 발견했답니다! 이 박테리아들은 옛날에 지어진 다리나 집의 오래되고, 썩은 나무들을 먹어 분해하는데, 이런 박테리아 중 많은 종류가 자기장에 반응한대요. 박테리아들은 몸에 있는 자성을 띠는 미세 입자들을 활용해 방향을 찾거든요. 무수한 박테리아들은 죽어서도 나침반 바늘처럼 자기장의 방향을 가리킨 채로 수 천 년 동안 묻혀 있다가 고고학자들에게 도움을 주지요. 자력계가 박테리아의 자성을 감지하기 때문이에요.

고고학자들은 예전에 삽이나 곡괭이만 가지고 연구를 했지만, 이제는 여러 첨단 기술을 적극적으로 활용하고 있어요. 우리는 원자들과 함께 인류 역사의 흔적들을 발견하고 있는 거예요.

머릿속 들여다보기

여러분은 독심술사를 만난 적 있나요? 독심술사는 생각을 읽는 사람들이에요. 이들이 생각을 읽는 모습을 보면 다들 놀라서 입이 쩍 벌어지죠. 처음 만난 사람의 눈을 깊이 들여다보기만 해도 그 사람의 생일이나 전화번호, 혹은 머릿속으로 생각했던 숫자를 척척 알아맞히니까요. 마치 머릿속을 들여다보고 생각을 엿보는 것처럼 말이에요! 하지만 정말로 그럴 수 있는 걸까요?

생각은 일종의 '전기 신호'예요. 전기 신호가 우리 몸 이리저리 보내지죠. 우리 뇌 속에서 전선 역할을 하는 신경세포를 '뉴런'이라고 해요. 이 뉴런을 통해 뇌에서 전기가 흐른답니다.

뇌는 컴퓨터와 비슷해요. 물론 뇌 속의 뉴런이 컴퓨터 전선보다 훨씬 더 복잡하게 연결되어 있지만요. 많은 사람이 연구를 계속하고 있지만, 아직 모든 것을 상세히 이해하지 못할 정도로 복잡하답니다. 우리의 머릿속에서 무슨 일이 일어나는지 아무도 정확히 알지 못해요.
약 1,000억 개의 뉴런이 사방으로 우리 몸 곳곳으로 전기 신호를 보내지요. 이 신호들은 거대한 혼돈 그 자체랍니다. 따라서 여러분이 지금 무슨 생각을 하는지 알기란 쉬운 일이 아니에요. 하지만 정확히 무슨 생각을 하는지 말할 수는 없어도 뭔가를 골똘하게 생각하고 있다는 건 의학 기계를 통해서 알 수 있지요.
뇌에서 전류가 흐르면, 자기장이 생겨요. 전기는 자기장을 만들어 내니까요. 이런 자기장이 의학 기기 속 원자를 끌어당기면, 원자의 궤도가 바뀌며 진동하던 진동수가 변해요. 그래서 의사들이 우리 머릿속 변화를 측정할 수 있는 거예요.

과학의 모든 것이 으레 그렇듯 이 과정에도 복잡한 이름이 붙었어요. 원자를 활용해 우리 머릿속을 들여다보는 방법을 **뇌조영술**이라고 부른답니다.

과학은 어떻게 발전할까?

**나의 명제: 모든 펭귄은 검은색과 흰색이 섞여 있다.
……과연 정말일까요?**

초록색과 노란색 펭귄을 본 적이 있나요? 사람들은 과학이 '펭귄은 검은색, 흰색으로 되어 있다'와 같은 명제를 증명할 수 있다고 생각하지요. 그러나 이런 명제를 증명하는 것이 가능할까요? 세상 사람 모두가 남극의 펭귄을 볼 수는 없는데 말이에요

어느 날, 칼 포퍼라는 철학자는 과학을 송두리째 뒤흔들었어요. 포퍼는 과학에 **반증가능성**이라는 원칙을 도입했지요. 반증가능성이 뭐냐고요? 과학 연구는 어떤 주장이 옳은지가 아니라 틀린 게 아닌지 밝혀야 한다는 뜻이에요. 왜냐하면 과학은 이전 누군가의 주장을 비판하는 과정을 통해 발전하기 때문이에요.

그러니까 양자물리학에 논리적 오류가 전혀 없음을 증명하는 게 아니라 양자물리학이 논리적 오류를 만들어 내는지 밝히는 것이야말로 연구의 역할이라는 뜻이에요.

양자물리학의 오류를 찾아내기 위해 과학에서 사용하는 방법은 다름 아니라 실험, 바로 실험, 그리고 또 실험이랍니다!
프랑스의 양자물리학자 알랭 아스페가 1982년에 했던 실험은 아주 유명한 실험 중 하나예요. 아스페는 모순의 근본 원인을 찾아내고 싶었어요. 그것은 일종의 논리적 오류였을까요? 아스페는 논리적 오류 대신 양자물리학이 옳다는 가장 확실한 증명을 찾아냈지요. 아스페의 실험은 이후 다양하게 변형되어 수십 년 동안 수천 번 반복되었고, 늘 같은 결과가 나왔답니다. 바로 '세상은 우리가 여지껏 상상하던 것과는 다르다. 세상은 상당히 황당하게 돌아간다.'는 사실이죠. 이 실험을 통해 우리는 세상이 고전물리학자들이 생각했던 것만큼 대상적이지 않다는 사실을 알게 되었답니다.

**그리고 펭귄들은 모두가 희고 검은 것만은 아니에요!
뉴질랜드에 사는 쇠푸른펭귄은
파란색과 하얀색을 띤답니다.
그러니까 내가 말한 명제를 스스로 반증한 셈이죠.**

지식의 한계

약 2,500년 전, 고대 그리스의 철학자 데모크리토스는 "원자와 빈 공간 외에 아무것도 존재하지 않는다, 다른 모든 것은 의견일 뿐"이라고 주장했어요. 데모크리토스는 세상의 모든 물질은 가장 작고, 더 이상 쪼갤 수 없는 원자로 이루어져 있다고 생각했지요. 원자는 색도, 냄새도, 특성도 없는, 세상의 기본 구성 요소라고 말이에요. 그 생각의 일부는 맞고, 일부는 틀려요.

놀라운 것은 데모크리토스가 살았던 때로부터 2,500여 년이 흐른 오늘날까지 대부분의 사람들은 예전의 데모크리토스처럼 원자를 아주아주 작은 공처럼 여긴다는 사실이에요. 원자에게 파동이 있다는 사실은 생각하지 않죠.
18세기 초 영국의 과학자 아이작 뉴턴도 여전히 고전물리학의 주장처럼 생각했어요. 그 뒤 물리학자들이 새로운 발견을 했지만, 사람들은 쉽사리 받아들이지 못했죠. 뉴턴의 주장 대부분이 우리가 가진 상식에 잘 들어맞는 데 반해 새롭게 발견한 사실들은 그렇지 않았기 때문이랍니다. 고전물리학은 우리가 상상할 수 있는 방식으로 세상을 묘사하거든요. 그리고 우리는 고전물리학의 주장대로 문제없이 자전거도 만들고, 집도 지을 수 있잖아요!

사람들이 양자물리학을 연구한 지는 이미 100년이 넘었지만, 지금까지도 양자물리학은 과학자들의 고개를 갸웃거리게 합니다. 양자 방울이 동시에 두 가지 궤도로 원자핵을 돌 수 있다는 걸, 또는 원자가 여러 장소에 동시에 있을 수 있다는 걸 어떻게 이해할 수 있겠어요? 하지만 양자물리학은 다행히 마술이 아닌 과학이에요. 양자 방울은 측정 가능하고, 심지어 현미경으로도 볼 수도 있답니다.

그러나 모든 측정에는 문제가 있어요. 우리가 양자 방울을 관찰할 때, 양자 방울의 성격을 변화시키기 때문이죠. 이미 벽에 난 두 틈새 실험(이중 슬릿 실험)에서도 확인했잖아요. 관찰된 양자 방울은 관찰되지 않은 양자 방울과는 더 이상 같지 않아요. 관찰된 양자 방울의 특성은 달라지니까요.

우리는 결코 양자 방울의 모든 특성을 측정할 수 없어요.

어슬렁어슬렁 걸어 다니는 고양이는 언제나 특정 속도로, 특정 장소를 지나요. 고양이의 모습을 영상으로 찍을 수도 있고, 걸어간 거리를 밀리미터까지 아주 정확하게 측정할 수도 있죠. 하지만 양자 방울은 그럴 수 없어요. 양자 방울이 어디에 있는지를 말할 수 있거나, 또는 그 속도가 어떤지를 말할 수 있거나 둘 중 하나만 할 수 있지요. 결코 양자 방울의 위치와 속도, 두 가지를 동시에 정확히 측정할 수는 없어요. 과학자들은 이것을 **양자물리학의 불확정성**이라 부르지요.

양자 방울을 복제해서 조심스럽게 한 가지 특성씩만 측정하면 안 되냐고요? 그런 다음 특성들을 합쳐 온전한 양자 방울을 만들면 되지 않냐고요? 아쉽지만, 그건 불가능하답니다. 모든 복제는 조금씩 늘 오류가 생기거든요. 완전한 복제란 세상에 없답니다.

이것을 **복제 불가능성 원리**라고 불러요. 우리는 아무리 애를 써도 결코 모든 것을 알 수 없어요. 자연법칙이 복제하지 못하도록 방해하니까요. 아무튼 자신이 상상했던 원자가 실제로 어떤 모습인지 알면 철학자 데모크리토스는 깜짝 놀랄 거예요.

별빛을 보는 시간

나는 집으로 돌아오는 길에 깜깜한 하늘에 뜬 별을 올려다보는 걸 좋아하지요. 해가 지고 나서야 일과를 마칠 때가 많거든요. 밤하늘의 별을 올려다보는 일은 과거를 보는 일이에요. 난 별을 보면 기분이 좋아져요. 왜냐고요? 우리 눈에 보이는 별빛은 아주 오래전부터 지구를 향해 달려온 빛이거든요.

여러분은 밤하늘에서 안드로메다 은하를 찾을 수 있나요? 물론 잘 안 보일 때가 많지만, 안드로메다 은하의 빛은 250만 년 전부터 달려와 우리를 만나는 것이랍니다. 그래서 그 별은 어쩌면 200만 년에 이미 사라졌을 수도 있어요. 이론상으로는 그렇답니다. 반면 햇빛은 지구까지 8분 정도면 도달해요.

빛은 먼 과거와 가까운 과거에 대해 생각거리를 던져 줘요. **빛이란 무엇일까요?** 빛은 파동일까요? 입자일까요? 아니면 빛 역시 전자처럼 파동이자 입자, 이 두 가지 성질을 모두 가지고 있을까요? 여러분의 추측이 맞았어요. 빛은 파동이기도 하고, 입자이기도 하답니다! 두 가지 성질을 가졌다면, 과학자들은 이를 두고 **이중성**을 지녔다고 부르죠.

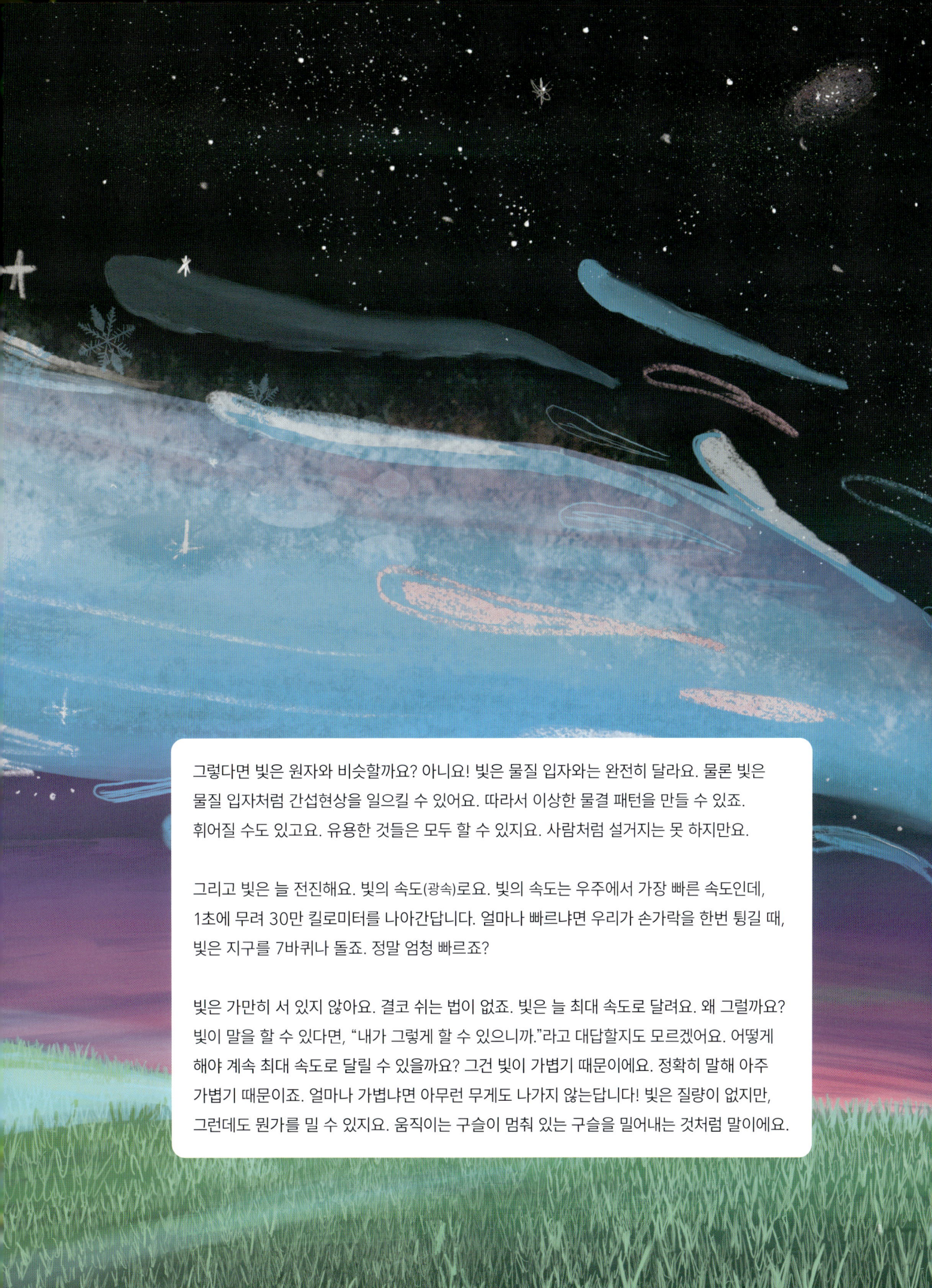

그렇다면 빛은 원자와 비슷할까요? 아니요! 빛은 물질 입자와는 완전히 달라요. 물론 빛은 물질 입자처럼 간섭현상을 일으킬 수 있어요. 따라서 이상한 물결 패턴을 만들 수 있죠. 휘어질 수도 있고요. 유용한 것들은 모두 할 수 있지요. 사람처럼 설거지는 못 하지만요.

그리고 빛은 늘 전진해요. 빛의 속도(광속)로요. 빛의 속도는 우주에서 가장 빠른 속도인데, 1초에 무려 30만 킬로미터를 나아간답니다. 얼마나 빠르냐면 우리가 손가락을 한번 튕길 때, 빛은 지구를 7바퀴나 돌죠. 정말 엄청 빠르죠?

빛은 가만히 서 있지 않아요. 결코 쉬는 법이 없죠. 빛은 늘 최대 속도로 달려요. 왜 그럴까요? 빛이 말을 할 수 있다면, "내가 그렇게 할 수 있으니까."라고 대답할지도 모르겠어요. 어떻게 해야 계속 최대 속도로 달릴 수 있을까요? 그건 빛이 가볍기 때문이에요. 정확히 말해 아주 가볍기 때문이죠. 얼마나 가볍냐면 아무런 무게도 나가지 않는답니다! 빛은 질량이 없지만, 그런데도 뭔가를 밀 수 있지요. 움직이는 구슬이 멈춰 있는 구슬을 밀어내는 것처럼 말이에요.

플랑크와 빛알

태양이 여러분의 얼굴을 비추면, 피부가 따뜻해져요. 왜 그럴까요?

빛의 파동 에너지가 그렇게 만들어요. 이 에너지는 0, 1, 2처럼 띄엄띄엄 떨어진 특정한 값만 취하고, 중간값이 되는 에너지는 허용하지 않아요. 또 덩어리진 꾸러미로만 나타나요. 이 꾸러미가 바로 양자예요! 앞서 잠깐 다뤘지만, 빛의 양자 꾸러미는 빛알이라고 불러요. 빛의 알갱이랍니다. 빛은 어떤 에너지인지에 따라 다른 색깔을 띠어요. 그렇다면 빛에너지의 양은 무엇을 통해 정해질까요? 바로 파장을 통해 정해진답니다.

빛알도 양자 방울이에요. 빛알은 파랗거나, 붉거나, 노랗거나, 흰색이지요. 이런 걸 누가 어떻게 알아냈냐고요? 물론 연구를 통해 알아냈지요. 연구를 시작하려면 무엇보다 호기심이 필요해요. 그리고 적절한 때와 적절한 사건이 필요하죠. 양자물리학자 막스 플랑크의 경우도 그랬어요. 1900년 12월 14일, 독일 베를린에 있던 플랑크에게 아주 결정적인 사건이 벌어졌답니다.

이전까지 과학의 세계는 단순하고, 질서로 가득했어요. 역학, 열역학, 전자기학…… 모두 훌륭한 고전물리학의 학문이었죠. 하지만 한 가지 해결되지 않는 문제가 단순한 아름다움을 망치고 있었어요. 그 문제가 무엇이었을까요? 금속을 달구면 금속이 빛을 내요. 처음에는 검붉게 빛나다가, 밝은 붉은색으로 변하죠. 그리고 정말 뜨거워지면, 노란빛, 마지막에는 거의 하얀빛을 내요. 이런 현상을 **흑체복사**라고 부른답니다. 그런데 이때 이상한 점이 하나 있었어요.

고전물리학의 법칙에 따르면, 금속이 원리상으로는 훨씬 더 강한 빛을 내야 했는데 실제로는 그렇지 않았거든요. 이때, 막스 플랑크가 이 문제의 해결책을 발견했어요. 플랑크는 빛이 단지 특정 꾸러미와 특정 값, 그러니까 양자 형태로만 나타난다고 설명했어요. 예를 들어 열이 만드는 빛은 꾸러미로만 나온다는 것이었지요. 불연속적인 값만 가질 수 있고, 중간값을 지니는 건 불가능해요. 플랑크가 이런 가설을 발표하자, 동료 과학자들은 당황했어요.

그렇다면 빛에너지 꾸러미는 대체 얼마로 계산해야 할까요?

빛의 진동수와 에너지 사이의 관계를 설명하기 위해 플랑크는 'h'라는 이름의 상수를 계산에 사용했어요. ('h'는 도와준다는 뜻의 독일어에서 따왔답니다.) 플랑크는 이 상수를 쓰면 모든 것을 어떤 방식으로든 계산할 수 있을 거라고 주장했어요. 그러나 천만에! 그럴 수 없었죠.

플랑크는 의도하지도 않았고 예상하지도 않았지만, 완전히 새로운 세계를 발견했답니다. 그는 'h' 상수를 통해 고전물리학의 공식이 더 이상 통하지 않는 세계, 양자물리학의 시대를 열었어요! 'h'는 오늘날 **플랑크의 작용양자(플랑크 상수)**를 뜻해요. 그리고 'h'는 양자물리학에서 빼놓을 수 없는 값이 되었죠. h는 계산할 수는 없고, 측정할 수만 있어요. 세계의 기본 속성이자 자연의 기본 상수이기 때문이죠.

아인슈타인과 양자들

"양자물리학이 이렇게나 이상하다면, 잘못되었거나 그냥 이론일 뿐일지도 몰라요. 이론은 하여튼 틀릴 수도 있잖아요." 우리의 세계가 얼마나 이상하게 구성되어 있는지 알게 된 사람들은 곧잘 이렇게 묻는답니다. 심지어 지금까지 전 시대를 통틀어 가장 유명한 물리학자인 알베르트 아인슈타인도 처음에는 똑같은 의심을 했어요. 과학자들은 양자를 증명할 수 있을까요? 물론이죠! 결국에는 아인슈타인도 증명했답니다!

100년보다도 더 전에 사람들은 설명할 수 없는 현상을 목격했어요. 바로 **광전효과**라고 하는 것이었죠. 금속에 빛을 비출 때, 빛에너지로 말미암아 금속 표면에서 전자가 떨어져 나오는 현상을 가리킨답니다. 물론 전자가 떨어져 나오려면, 빛의 양자인 빛알이 금속 안에 전자를 붙들고 있게 하는 에너지보다 큰 에너지를 가지고 있어야 해요. 적정량의 양자 에너지가 필요한 거죠. 그렇지 않으면 전자가 금속 표면에서 방출되지 않아요.

아인슈타인은 이 사실을 깨달았고, 1905년에 이에 대한 논문을 써서, 노벨 물리학상을 받았지요. 하지만 아인슈타인은 양자물리학을 쉽게 받아들이지 못했어요. 경우에 따라 파동이자 입자로 나타나는 양자 방울을 상당히 이해하기 힘들어했지요. 어떻게 관찰하는지에 따라 특성이 달라지는 우주라니! 아인슈타인은 그런 사실이 상당히 못마땅했어요.

그래서 아인슈타인은 자신이 만든 상대성이론으로 양자물리학의 문제를 해결하려고 했어요. 아인슈타인은 그 과정에서 커다란 명성을 얻게 되었죠. 하지만 덴마크의 물리학자 닐스 보어가 옳았어요. 양자들이 아인슈타인의 상대성이론이 해결하지 못하는 문제들을 해결해 줬으니까요.

아인슈타인이 화가 나서 닐스 보어에게 물었어요.

"하늘의 달을 아무도 보지 않을 때에는 달이 없다고 주장하려는 건 아니겠지요?"

보어는 이렇게 되물었지요.

"그럼, 그 반대를 증명하실 수 있습니까?"

아 참, 그렇다면 **광전 효과**가 어떻게 양자를 증명하는 현상일까요? 간단히 말해서, 그건 전자가 파동에 씻겨 내려오듯 하지 않고, 어떤 입자와 충돌한 것처럼 금속에서 폴짝! 튀어나오기 때문이에요. 이때 양자들이 작용하는 것이죠. 양자는 파동일 뿐 아니라 입자이기 때문에 이런 현상이 나타날 수 있답니다.

슈뢰딩거의 고양이

알베르트 아인슈타인, 막스 플랑크, 알랭 아스페. 세 과학자들의 공통점은 모두 실험을 통해 양자에 대해 더 많은 것을 알아냈다는 거죠. 하지만 양자물리학의 가장 유명한 실험은 어떤 것일까요? 그건 바로 '슈뢰딩거의 고양이'일 거예요! 여러분은 이 말을 들어본 적 있나요?

이 실험은 사고 실험이에요. 생각으로만 하는 실험 말이에요. 아직 기술이 개발되지 않아서 실험실에서 진짜 실험을 하는 것이 불가능할 때, 과학자들은 머릿속으로 사고 실험을 한답니다.

이 실험은 물리학자 **에르빈 슈뢰딩거**가 고안한 실험이었어요.
나중에 고양이 말고, 입자를 이용하여 실험실에서도 성공을 거뒀지요.

이 실험은 **중첩**이라는 개념을 증명해 줘요. 중첩은 물질의 특성으로, 특정 조건에서 물질이 동시에
여러 가지 상태로 존재할 수 있는 걸 말해요. 어쨌든 아무도 보지 않는 동안은 그렇다는 거죠.

슈뢰딩거의 사고 실험에서 고양이는 속이 보이지 않는 나무 상자 안에 갇혀요. 상자 속에는 독성 물질이
들어 있는 병, 망치, 불안정한 원자핵, 가이거 계수기가 있어요. 독일의 물리학자 한스 가이거가 고안한
가이거 계수기는 방사능을 측정하는 도구지요. 계수기가 방사능을 감지하면 망치가 병을 깨뜨려 독성
물질이 흘러나와 고양이는 죽게 됩니다. 한 시간 뒤, 고양이가 이 상자 속에서 살아남을 확률은 정확히
절반이 됩니다. 우리가 관찰을 해야 비로소 고양이가 놓일 수 있는 두 가지 상태 중 하나가 결정되기
때문이지요. 한 시간 뒤에 들여다보면 고양이는 죽어 있거나 살아 있는 것이에요. 절반씩의 확률로요.

하지만 우리가 확인하지 않는 한, 고양이는 죽어 있기도 하고 살아 있기도 해요. 중첩 상태인 것이죠.
실험을 하는 사람이 상자 속을 들여다볼 때 비로소 고양이는 죽음과 삶, 둘 중 하나를 선택해야 하지요.
'슈뢰딩거의 고양이'는 몇십 년 동안 굉장히 유명해졌어요. 그리고 양자물리학을 상징하는 동물이 되었죠.

빛알들의 휴가

양자물리학의 최대 신비이자 가장 이해하기 힘든 현상은 **양자 얽힘**이에요. 이건 정말 수수께끼 같은 현상이랍니다. 양자 얽힘을 설명하기 위해 양자물리학자 **안톤 차일링거**가 했던 실험을 소개할게요.

여기 두 빛 입자, 즉 빛알이 두 개 있다고 가정해 봐요. 우리는 그것들이 서로 속닥이며 의견을 나누지 않도록 하나는 스페인의 라팔마섬으로, 또 다른 하나는 테네리페섬으로 보내 버릴 거예요. 이 두 섬은 직선거리로 120킬로미터 떨어져 있어요.
이제 라팔마섬에 있는 빛알 X에게 그의 상태를 물어봐요. 그러면 X는 "내 양자 상태는 왼쪽으로 돌고 있어요."라고 할 거예요. 그리고 우리는 동시에 테네리페섬의 빛알 Y에게도 상태를 물어요. 그러면 Y는 이렇게 대답해요. "내 양자 상태는 오른쪽으로 돌고 있어요." 여기서 '동시에'라는 말은 정말로 '동시에'라는 뜻이에요. 원자시계를 기준으로 정확히 똑같은 시간 말이죠. 그런데 쉽게 이해되지 않는 궁금증이 두 가지 있어요.

첫째, 빛알 X가 "왼쪽으로 돌고 있다"고 할지, "오른쪽으로 돌고 있다"고 대답할지는 때에 따라 달라요. 그야말로 대상적인 우연이죠. 이 말은 이 빛알은 물론 우주의 어떤 다른 존재도 측정하기 전에는 뭐라 대답할지 대답을 알지 못한다는 뜻이에요. 내가 물어야 비로소 대답이 만들어지죠.

둘째, 빛알 X가 "왼쪽으로 돌고 있다"고 말하면, 빛알 Y는 "오른쪽으로 돌고 있다"고 대답해야 한다는 점이에요. 반대로 빛알 X가 "오른쪽으로 돈다"고 말하면, 빛알 Y는 "왼쪽으로 돈다"고 대답할 테죠. 빛이 라팔마섬에서 테네리페섬까지 나아가는 짧은 시간 동안, 동시에 말이죠. 두 빛알은 결코 서로의 상태를 알 수 없어요. 정보교환이 불가능하지만, 그럼에도 두 입자는 각각 다른 쪽이 뭐라 대답할 건지를 알고 있다는 듯이 정반대로 대답해요. 서로 120킬로미터나 떨어져 있는데도요! 정말 소름 돋는 현상이지요.

아인슈타인은 이런 얽힘을 "유령 같은 원격 작용"이라고 표현했어요. 그리고 이 불가사의한 현상을 언젠가 과학적으로 설명할 수 있기를 바랐죠. 그는 빛알들은 상대가 무엇을 할지가 적힌 일종의 비밀 암호문을 가지고 있을 거라고 생각했어요. 물리학에서는 그 비밀 암호문을 '숨은 변수'라고 하는데, 그런 것은 없다는 게 밝혀졌어요.

알랭 아스페는 1982년 실험을 통해 양자의 세계는 정말로 이상하다는 것을, 양자가 서로 얽혀 있다는 것을 확실하게 증명했어요.
아스페는 실험에서 한 쌍의 빛알이 반대편으로 날아갈 때, 편광판의 방향을 아주 빠르게 바꿨어요. 그 바람에 모든 빛알이 이미 편광판을 빠져나간 상대방 빛알과 정보를 교환할 시간이 거의 없었어요.

다시 말해 이렇게 묻는 것이 불가능했지요.
"너 왼쪽으로 돌고 있어, 오른쪽으로 돌고 있어?"

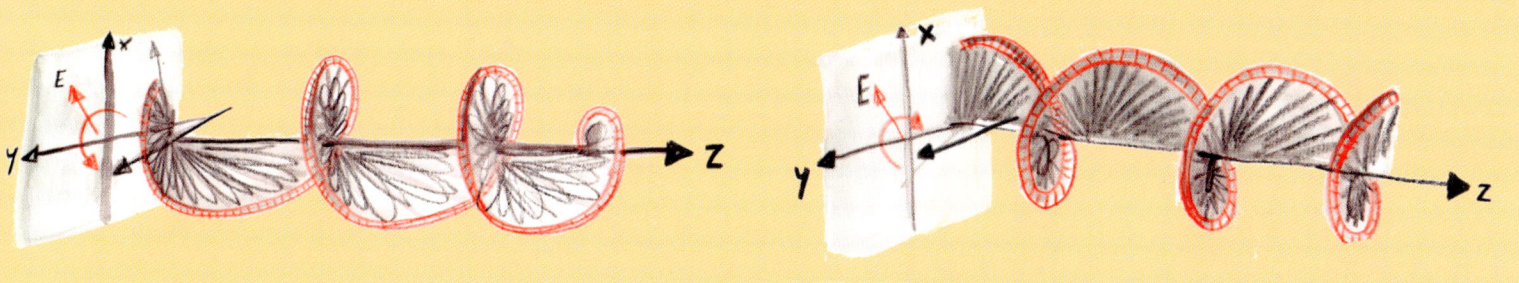

빛알은 온전히 스스로, 어느 편광판을 통과해 날아갈지를 결정해야 했어요.

그럼에도 두 빛알은 얽혀 있었어요! 이 실험의 마지막 결론은 이러했어요.
이 실험의 최종 결과는 다음 세 가지 중 하나예요. 첫째, 세계가 국소적이지 않을 수 있다. 물리학에서는 지역에 국한되지 않고 거리를 초월해 작용하는 것을 두고 '국소적이지 않다', '비국소적이다'라고 한답니다. 우리는 이곳과 저곳이라고 공간을 구분하지만, 양자 세계에서는 명료하게 구분할 수 없다는 뜻이지요. 아니면 둘째, 세계는 국소적이지만 대상적이지 않다. 이 말은 우리가 세계를 바라보기 전에는 이러저러하게 존재하지 않는다는 뜻이에요. 세 번째 가능성도 있어요. 우리 세계가 국소적이도 않고, 대상적으로 존재하는 것도 아니다. 실험을 통해 이 황당한 세 가지 가능성만 남게 되었답니다. 세계는 우리가 생각했던 것처럼 국소적이면서 대상적인 것이라는 가능성은 허용되지 않아요. 우리는 알랭 아스페 덕분에 이런 이상한 사실을 깨닫게 되었지요.

양자의 비밀

내가 어렸을 때에는 아직 스마트폰과 컴퓨터가 없었던 때라, 암호문을 만드는 것이 유행이었어요. 암호를 알아야만 문장들을 해독할 수 있었죠. 가장 단순한 암호는 a=1, b=2, c=3…… 이런 식이었어요. 그러면 그 시절 유명했던 밴드 ABBA는 '1221'이라는 암호로 바꿀 수 있지요. 이렇게 어떤 정보를 암호로 바꾸는 것을 '암호화'라고 해요. 암호문이 적힌 쪽지를 발견한 선생님은 글자를 읽을 수는 있지만, 그것이 무슨 뜻인지 해석해 내려면 꽤나 오래 노력을 들여야 했죠.

암호는 자물쇠와 열쇠와 비슷해요. 요즘 들어 암호는 아주 커다란 역할을 하고 있어요. 은행 계좌나 이메일, 게임, 인터넷 사이트, 소프트웨어……. 우리는 이미 여러 곳에서 비밀번호를 사용하고 있잖아요!

여태까지는 큰 문제 없이 상대적으로 안전하게 암호를 사용할 수 있었지요. 그러나 앞으로는 기존의 전통적인 암호를 쓸 수 없게 될지도 몰라요. 하지만 양자물리학은 이미 이런 상황을 대비한 해결책을 가지고 있답니다. 양자 덕분에 암호화는 상대적일뿐만 아니라 절대적으로도 안전해질 거예요.

어떻게 그럴 수 있냐고요? 빛알, 즉 빛 입자의 **편광**이 암호가 될 테니까요.

앞서 말했듯이, 빛알은 질량이 없고, 빛의 속도로 움직여요. 두 개의 얽힌 빛알은 하나가 왼쪽으로 회전하고, 다른 하나가 오른쪽으로 회전해요. 빛알 X가 "왼쪽으로 돌고 있다."라는 대답하면, 빛알 Y는 "오른쪽으로 돌고 있다."고 대답해야 하죠. 과학자들은 이런 빛알의 성질을 이용해 암호 코드로 변환시키는 방법을 연구했어요. 가령 "ABBA"라는 단어는 이제 안전하게 암호화되죠. 그리고 전 세계의 아무도 이 암호를 풀지 못할 거예요. 양자 방울은 관찰하면 변화하기 때문이죠.

수신자가 메시지를 '오른쪽'으로 읽는 대신 '왼쪽 방향으로' 읽거나, 혹은 '왼쪽'으로 읽는 대신 '오른쪽 방향으로' 읽는 식으로 암호가 풀리면, 이 메시지를 누군가 보려고 할 거예요. 낯선 사람이 그 메시지를 읽으면 메시지는 쓸데없어질 거고요. 하지만 관찰하면 변화된다는 양자 세계의 원리 덕분에 **양자 통신**에서 암호를 깨뜨리고, 비밀을 알아낼 수는 없어요. 이 기술은 우리 사회를 더 안전하게 지켜 줄 거예요. 비밀들은 곧 진짜 비밀이 될 테니까요.

체스판과 밀알

두 입자가 얽혀 있어 이상한 일을 할 수 있다면, 입자 셋, 혹은 넷, 혹은 더 많은 입자가 얽혀 있다면 어떨까요? 이런 질문은 아주 오래전부터 있었답니다.

고대 인도의 브라만 수학자인 시사 이븐 다히르는 체스의 기원이 되는 놀이를 발명했어요. 그는 체스판을 사용해 왕에게 신하와 농부 들이 없으면 왕도 존재할 수 없다는 사실을 지혜로운 방식으로 깨닫게 했답니다.

이 게임이 재미있어서 기분이 좋아진 왕은 시사에게 상을 내리겠다고 했어요. 그러자 시사는 왕에게 상으로 밀알을 받고 싶다고 대답해 또 하나의 중요한 가르침을 전했지요. 그는 체스판 첫 칸에 밀알 1개로, 그리고 그 다음 칸으로 나아갈 때마다 앞 칸의 두 배에 해당하는 밀알을 주는 식으로, 마지막 64칸에 해당하는 밀알을 달라고 말이에요.

그러자 그 말을 들은 왕은 시사를 비웃었어요. "겸손도 유분수지, 너무 욕심이 없는 거 아니야?"라고 말이에요. 그런데 64칸째에는 밀알의 수가 얼마나 되었을까요?

두 번째 칸은 밀알 두 개, 세 번째 칸은 네 개, 네 번째 칸에서는 밀알이 여덟 개가 되지요. 하지만 마지막 64번째 칸이 되면 밀알의 양은 어마어마하게 늘어나요.

그래서 왕이 시사가 요청한 대로 밀알을 주려면, 온 지구의 밀알을 다 모아도 모자라지요. 여러분이 한번 계산해 볼래요?

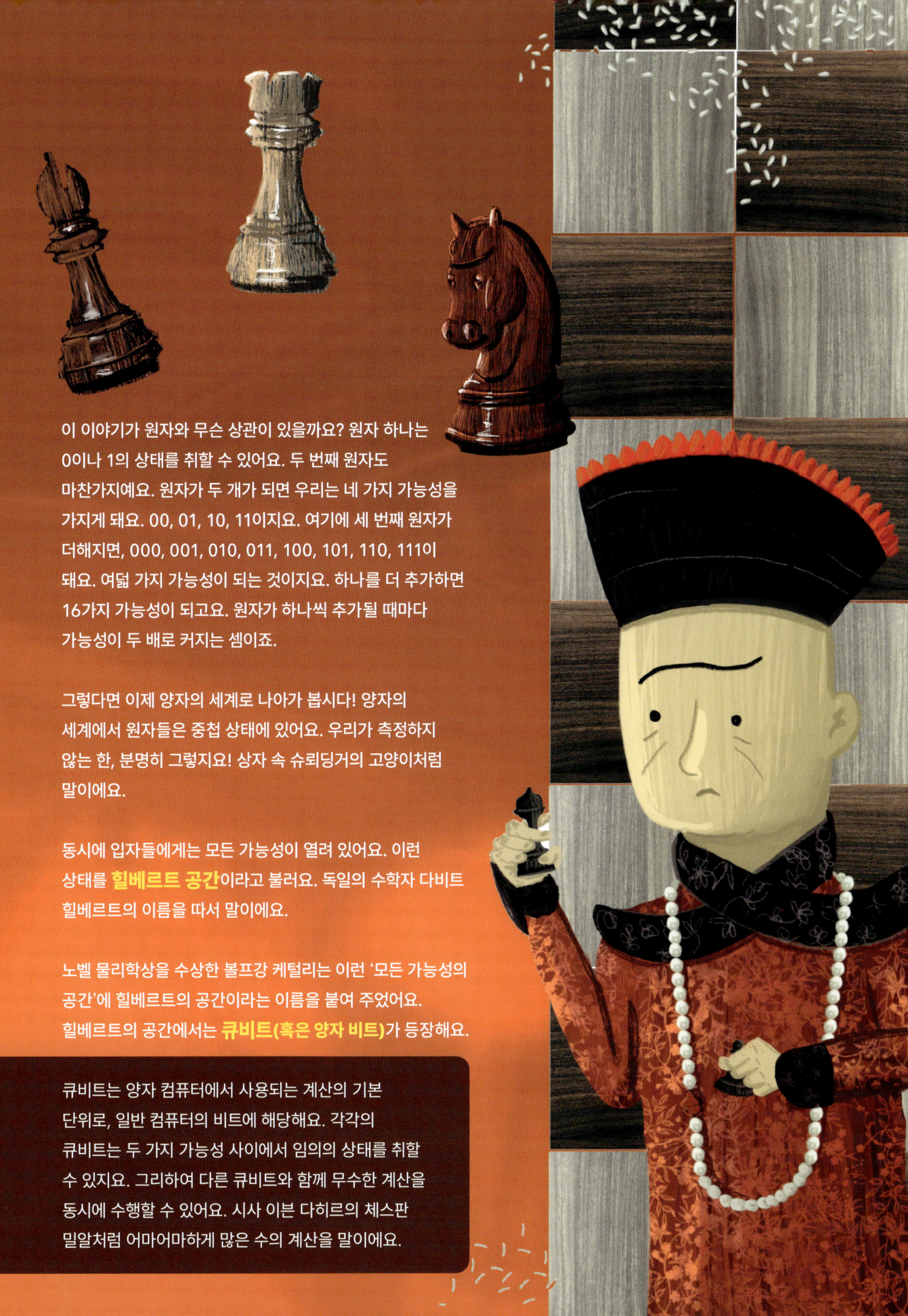

이 이야기가 원자와 무슨 상관이 있을까요? 원자 하나는 0이나 1의 상태를 취할 수 있어요. 두 번째 원자도 마찬가지예요. 원자가 두 개가 되면 우리는 네 가지 가능성을 가지게 돼요. 00, 01, 10, 11이지요. 여기에 세 번째 원자가 더해지면, 000, 001, 010, 011, 100, 101, 110, 111이 돼요. 여덟 가지 가능성이 되는 것이지요. 하나를 더 추가하면 16가지 가능성이 되고요. 원자가 하나씩 추가될 때마다 가능성이 두 배로 커지는 셈이죠.

그렇다면 이제 양자의 세계로 나아가 봅시다! 양자의 세계에서 원자들은 중첩 상태에 있어요. 우리가 측정하지 않는 한, 분명히 그렇지요! 상자 속 슈뢰딩거의 고양이처럼 말이에요.

동시에 입자들에게는 모든 가능성이 열려 있어요. 이런 **상태를 힐베르트 공간**이라고 불러요. 독일의 수학자 다비트 힐베르트의 이름을 따서 말이에요.

노벨 물리학상을 수상한 볼프강 케털리는 이런 '모든 가능성의 공간'에 힐베르트의 공간이라는 이름을 붙여 주었어요. 힐베르트의 공간에서는 **큐비트(혹은 양자 비트)** 가 등장해요.

큐비트는 양자 컴퓨터에서 사용되는 계산의 기본 단위로, 일반 컴퓨터의 비트에 해당해요. 각각의 큐비트는 두 가지 가능성 사이에서 임의의 상태를 취할 수 있지요. 그리하여 다른 큐비트와 함께 무수한 계산을 동시에 수행할 수 있어요. 시사 이븐 다히르의 체스판 밀알처럼 어마어마하게 많은 수의 계산을 말이에요.

양자 컴퓨터의 탄생

양자물리학자 **리처드 파인만**은 천재랍니다. 그는 이미 1982년에 앞으로 양자 컴퓨터를 쓰게 될 거라는 걸 알아차렸어요. 양자 문제를 해결하기 위해서는 양자 컴퓨터가 필요하기 때문이죠. 보통의 컴퓨터로 어떻게 힐베르트 공간을 계산할 수 있겠어요? 학교 건물만큼 커다란 컴퓨터도 금방 한계에 부딪히게 될 거예요. 우리가 쓰는 일반적인 컴퓨터의 비트는 0과 1뿐이에요. 그래서 계산 속도가 너무 느리죠. 큐비트를 쓰는 양자 컴퓨터는 일반 컴퓨터보다 더 많은 가능성과 더 많은 능력으로 계산을 빨리 할 수 있답니다. 그래서 양자 컴퓨터가 빠른 거랍니다!

일반 컴퓨터에는 두 가지 상태밖에 없어요. 바로 0과 1의 상태지요. 이 상태로 무엇을 어떻게 계산할 수 있을까요? 예를 들면 곱셈 0×0=0, 1×0=0, 0×1=0, 1×1=1을 계산할 수 있지요.

양자 컴퓨터도 일반 컴퓨터와 비슷하게, 그러나 아주 다르게 계산해요. 다시 한번 원자 수영장 다이빙대로 돌아가 봅시다. 10미터 높이의 다이빙대 위에 누가 서 있나요? 원자 한 개일까요? 아니죠. 두 개의 원자죠!?

원자들은 서로 손을 잡고 함께 다이빙을 해요. 서로 연결되고 얽혀 있으니까요.

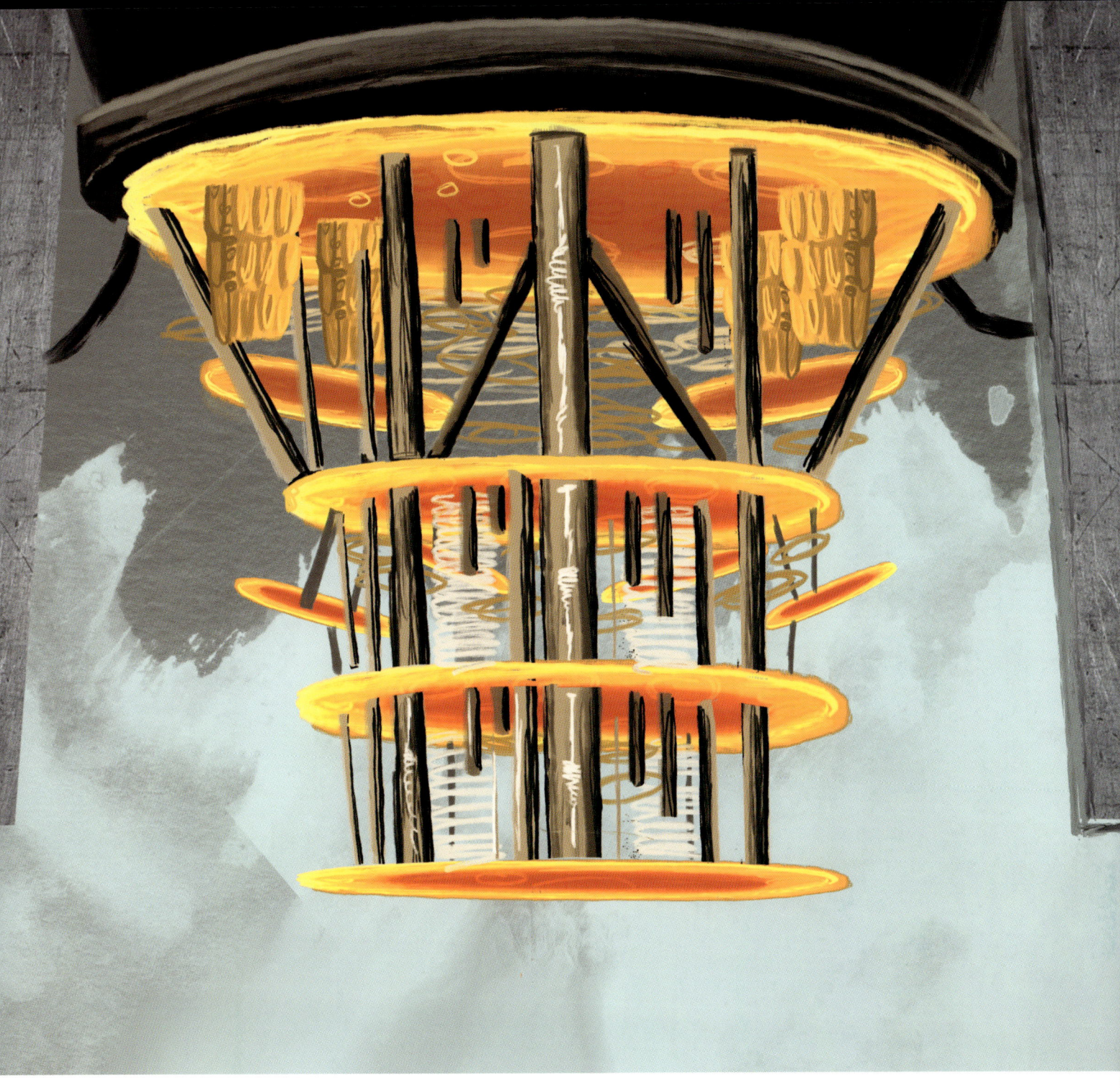

이 얽힘은 또 다른 1로 표현할 수 있어요. 그리고 양자 컴퓨터는 이 **새로운** 1을 이용해 계산을 해요. 자, 같이 생각해 봐요. 모든 큐비트는 다른 큐비트와도 연결되어 있어요. 다시 말해 얽혀 있지요. 이 때문에 일반 컴퓨터를 뛰어넘는 계산 능력을 발휘할 수 있죠. 일반 컴퓨터의 비트들은 서로에 대해 아무 영향도 주고받지 않아요. 하지만 양자 컴퓨터의 큐비트는 서로 신비한 관계를 맺고 있지요.

리처드 파인만이 양자 컴퓨터를 예측한 뒤로, 과학자들이 크고작은 몇몇 문제는 해결했지만 아직 양자 컴퓨터를 만들기 위해서 해결해야 할 문제들이 산더미처럼 많답니다. 우선 양자 컴퓨터를 만들기 위해 필요한 기술이 개발돼야 해요. 2000년부터 과학자들은 단순한 양자 컴퓨터 모델들을 만들어 시험하고 있어요. 대학교와 기업 들이 힘을 합쳐 양자 컴퓨터를 개발하고 있지요. 하지만 우리는 아직 원자를 원하는 대로 움직이지 못해요. 원자들에게 계산을 가르치기는 쉽지 않아요. 하지만 조만간 그럴 수 있게 되겠지요?

양자 컴퓨터는 어떻게 만들까?

그리스 로마 신화 속 그리스인들은 거대한 목마를 이용해 트로이 성을 함락시켜요. 목마 안에는 그리스 병사들이 숨어 있었지요. 호기심 많던 트로이 사람들은 이 목마를 제 손으로 끌고 트로이 성 안으로 들어갔어요. 이 기발한 방법은 그리스인 에페이오스가 꿈을 꾼 다음 생각해 냈지요. 그렇다면 세상을 깜짝 놀랠 아이디어는 꿈과 현실 사이 어딘가에서 생겨나는 것일까요? 좋은 아이디어는 세상에 새로움을 선물하지요. 그리고 이런 아이디어는 원래 처음부터 세상에 있진 않아요.

최초로 사용 가능한 양자 컴퓨터를 만들기 위해 세계 곳곳에서 다양한 방법으로 연구를 하고 있답니다. 어떤 팀은 거의 원자처럼 행동하는 작은 구멍들이 뚫린 다이아몬드를 활용해서 연구하고 있고, 어떤 팀은 초전도체를 활용하는 방법을 연구하고 있어요. 또 다른 팀은 빛알을 활용해 양자 컴퓨터를 만들고자 하고 있지요. 현재 가장 활발하게 진행되고 있는 연구는 초전도체 방식이에요. 이온이나 **뤼드베리 원자**라는 특별한 원자를 활용하는 연구도 이루어지고 있고요. 나는 이런 연구들이 컴퓨터 세계를 정복하기 위한 트로이의 목마처럼 느껴진답니다. 모두가 각자 다른 전략을 세우고 있긴 하지만요.

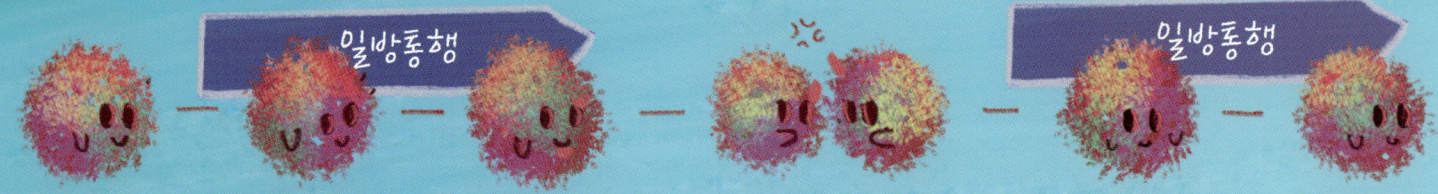

그중에서도 나는 뤼드베리 원자로 양자 컴퓨터를 만드는 가능성을 가장 믿고 있어요. 솔직히 털어놓자면, 여러 해 전부터 뤼드베리 원자를 연구하고 있거든요.

뤼드베리 원자를 활용해 양자 컴퓨터를 만들고자 하는 연구팀은 전자를 3미터도, 10미터도 아닌, 100미터 다이빙대 위에 올려놓아요! 이렇게 높은 곳에서 다이빙을 하면 얼마나 크게 풍덩 소리가 날까요? 물과의 거리가 멀어 엄청 많은 에너지를 가지고 있는 것이랍니다. 물론 원자 안에서는 원자핵과의 거리가 멀어서 그렇게 되는 것이죠. 양자물리학에서는 이를 '높이 들뜬 상태'라고 말합니다. 에너지가 아주 큰 상태지요.

그다음 이런 원자 여럿을 진공의 공간으로 보내요. 그리고는 레이저를 쏘아 끈에 꿰인 진주알처럼 나란히 있는 원자들을 차례로 진동하게 만드는 거죠. 그러다가 원자 속 전자 두 개가 서로 너무 가까워지면 이들은 서로를 밀쳐내요. 그러면 전자들은 궤도에서 튀어나오면서 두 궤도의 에너지가 변해요. 뤼드베리 양자 컴퓨터는 이런 에너지 변화를 계산하는 방식으로 작동한답니다.

양자 컴퓨터를 쓰면 뭐가 좋을까?

"컴퓨터가 없던 시절에는 어떻게 인터넷에 접속했어요?"라고 부모님에게 물어본 적 없나요?
예전에는 지금처럼 손쉽게 게임기를 인터넷으로 주문해서 살 수 없었어요. 인터넷은 물론이고
게임기조차 없었거든요. 하지만 집으로 뭔가를 가져다주는 사람들은 이미 있었어요.
내가 주문한 물건을 받는 것이 아니라, 운이 좋으면 사고 싶은 물건들을 만날 수 있었지요.
외판원들이 차에 물건들을 싣고 여기저기 돌아다니면서 물건을 팔았거든요.

그런데 외판원들은 어떤 경로로 다녔을까요?
도시와 도시 사이를 잇는 가장 짧은 길은 어떻게 계산했을까요?

이런 문제를 '외판원 순회 문제'라고 해요. 최선의 경로를 정하는 일은 정말 중요해요.
최선의 경로를 선택하면 시간을 아낄 수 있을뿐만 아니라, 에너지를 아낄 수도 있죠.
또, 이산화탄소와 미세먼지 배출을 줄여 환경을 보호할 수도 있어요.
양자 컴퓨터가 이 문제를 해결하는 데 큰 도움을 줄 수 있어요! 온라인 쇼핑이 점점 늘어나는 디지털 시대에 배송 경로와 같은 문제를 최적화하는 일은 점점 더 중요해지고 있답니다.

오늘 100곳에 배달을 해야 하는 배달원이 있다고 가정해 봐요. 그 배달원은 어떤 경로를 선택할까요? 배달할 곳이 4곳뿐이라면 고려할 수 있는 가능성은 두 가지입니다. 하지만 100곳에 배달을 해야 하면 그 수는 이미 157자리의 아주 큰 수가 되지요! 가장 친환경적이고 짧은 경로를 찾는 문제는 일반 컴퓨터로는 영원히 계산해도 끝나지 않을 거예요.

하지만 양자 컴퓨터는 중첩과 큐비트로 모든 루트를 동시에 계산하여 순식간에 최적의 경로를 찾아낼 수 있어요! 정말 놀랍지요. 그러나 양자 컴퓨터는 아직 미래의 일이어서, 아직은 지금의 일반 컴퓨터로 만족해야 한답니다. 일반 컴퓨터도 나름의 장점이 있기 때문에, 양자 컴퓨터가 나와도 사라지지 않고 계속 사용될 거예요. 컴퓨터 게임에서 아름다운 그래픽을 구현하는 데에는 양자 컴퓨터보다 일반 컴퓨터가 더 적절하거든요. 그럼 양자들은 게이머에게 도움이 안 될까요? 그럴리가요!

새로운 **QD-OLED 기술**은 모니터 화면을 더 선명하고, 컬러풀하게 만들어 주지요. 퀀텀 닷(Quantum dots), 즉 양자점이 색깔들을 더 선명하게 해 준답니다. 이것은 기본적으로 우리가 정확히 조절할 수 있는 인공적인 원자들이에요. 예를 들어, 양자점들을 적절히 조정하면 검정색을 더 검게 만들 수 있거든요.

그렇다고 양자 컴퓨터가 더 나은 게임기라는 건 아니에요. 하지만 양자 컴퓨터의 도움으로 우리는 양자 세계를 최적의 상태로 만들 수 있답니다. 양자 세계는 양자 컴퓨터만큼이나 복잡해요. 이런 방식으로 우리는 게이밍 모니터의 최상의 양자 디스플레이처럼 최적화된 재료를 만들어 낼 수 있어요. 그렇게 게이밍은 결국 일반 컴퓨터와 양자 컴퓨터 두 가지 기술 모두의 도움을 받아 발전할 거랍니다.

양자물리학의 미래

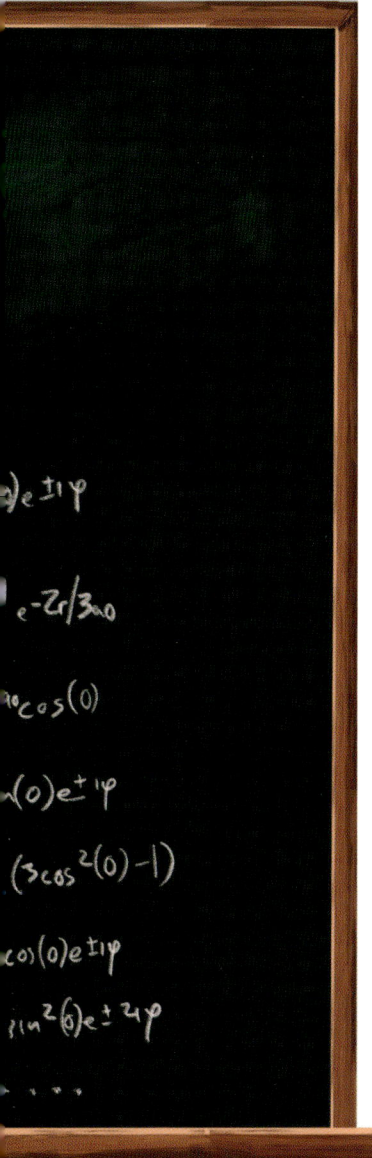

천문학자 코페르니쿠스, 케플러, 갈릴레오가 몇 백 년에 걸쳐 태양이 지구를 도는 것이 아니라 지구가 태양을 돈다는 것을 증명했을 때, 그것은 충격이었어요. 사실 이런 가능성은 이미 오래전부터 '흥미로운 가설'로 여겨졌어요. 하지만 가설을 넘어 진실로 받아들여지지는 않았죠. 세상에 대한 새로운 관점은 한 걸음 한 걸음씩 천천히 받아들여졌어요. 1822년부터 세상에 대한 새로운 생각들이 담긴 책들이 공식적으로 인쇄될 수 있었어요. 그리고 1992년에야 비로소 교황은 갈릴레오를 처벌했던 일에 대해 공식적으로 사과를 표명했지요. 세계 곳곳에서 평범한 사람들이 갈릴레오의 생각을 받아들이기까지 얼마나 오랜 세월이 걸렸는지 모르겠어요. 양자물리학도 비슷한 운명에 처해 있는 것일까요?

100년도 더 전부터 양자물리학은 '흥미로운 이론'으로 여겨지고 있어요. 일상에서 사용되는 많은 기술 제품이 양자물리학 덕분에 만들어지고 있는데도, 양자물리학의 많은 본질적 특성들은 여전히 (유령이 일으킬 법한) 말도 안 되는 현상쯤으로 여겨지고 있습니다. 모든 사람이 이 세계가 본질상 확률, 가능성, 우연, 진동 상태로 이루어진다는 것을, 예전에 생각했던 것과 달리 대상적으로 존재하지 않는다는 걸 수긍하기까지 앞으로 몇 백 년 더 걸려야 할까요?

나는 낙천적인 사람이라, 양자 컴퓨터 등 양자물리학의 응용 분야가 순조롭게 발전할 거라고 믿어요. 곧 모두가 이런 새롭고 이상한 물리학이 이제까지 알지 못했던 멋진 일들을 가능케 하는 걸 보게 될 거예요.

양자물리학은 아직 완성되지 않았어요. 아직 할 일이 많지요. 몇 가지 수수께끼가 남아 있어요. 가장 커다란 문제는 양자물리학과 중력 이론이 맞아떨어지지 않는다는 것이에요. 중력은 아직 양자물리학으로 설명이 되지 않지요. 하지만 신기한 양자의 세계가 지금껏 보여줬듯이, 지식은 점점 확장돼 왔어요. 지식은 경계가 없어요. 그 점은 믿어도 됩니다.
한 가지는 이미 확실해요.
내일 누군가 여러분에게 "전자가 수영장에서 무얼하지?"라고 물어보면, 여러분은 맞는 대답을 알고 있다는 것이죠.

양자물리학을 연구한 대표 과학자들

막스 플랑크 Max Planck

양자물리학의 창시자로 불립니다. 플랑크는 그가 도입한 작용양자 h와 함께 미시세계에 대한 우리의 생각에 혁명을 일으켰어요. 다른 유명한 물리학자들처럼, 막스 플랑크 역시 남다른 면이 있어서, 피아노와 첼로 연주를 아주 잘했답니다. 그래서 물리학자가 될지, 음악가가 될지 오랫동안 결정을 못 했대요.

알베르트 아인슈타인 Albert Einstein

역사상 가장 유명한 물리학자일 거예요. 그가 혀를 쑥 내민 사진을 보지 못한 사람은 거의 없겠죠. 아인슈타인은 특수상대성이론과 일반상대성이론, 그리고 양자물리학에서 천부적인 아이디어를 선보였답니다. 아인슈타인에 대해서는 재미있는 일화들이 많아요. 그는 언젠가 배달원에게 쪽지를 하나 건네주었어요. 거기에는 이렇게 적혀 있었죠. "조용하고 소박한 삶은 끊임없이 불안해하면서 성공을 좇는 것보다 더 많은 행복을 준다." 이 쪽지는 몇 년 전 경매에서 17억 원이 넘는 금액에 팔렸어요. 그 배달원이 그걸로 직접 돈을 번 건 아니었지만요.

닐스 보어 Niels Bohr

아인슈타인은 어느 날 닐스 보어에게 아무도 보지 않을 때에는 하늘에 달이 없다고 생각하냐고 물었어요. 보어는 이 질문에 "그렇지 않다는 걸 증명할 수 있나요?"라고 대답했다죠. 닐스 보어는 우리가 학교에서 배우는 원자 모형을 만든 사람이에요. 놀라운 것은 그의 아들 오게 보어도 아버지가 노벨상을 수상한 뒤 50년 만에 아버지의 뒤를 이어 노벨 물리학상을 받았다는 사실이지요. 주기율표에서 원자 번호 107에 해당하는 화학 원소는 닐스 보어의 이름을 따서 보륨(Bohrium)이라는 이름이 붙었답니다.

에르빈 슈뢰딩거 Erwin Schrödinger

오늘날 '슈뢰딩거의 고양이'로 유명한 물리학자예요.
그는 무엇보다 양자물리학의 중요한 방정식을 유도했지요.
슈뢰딩거는 인도 문화와 철학에 관심이 많았어요. 한동안
인도에 살면서 그곳에서 학생들을 가르치기도 했지요.
그밖에 자유 의지와 의식의 본질을 탐구한 과학자랍니다.

알랭 아스페 Alain Aspect

최근에도 양자물리학에서 놀라운 발견들을 할 수 있음을 증명한
산증인입니다. 1982년에 아스페는 원래는 아인슈타인이 착안했던
실험을 좀 더 정밀하게 진행했어요. 그리고는 이 실험에서 원래
증명하려던 것과 반대되는 사실을 증명하게 되었답니다. 이 실험 이후로
사람들은 세상을 전과는 다르게 상상하게 되었어요. 대상적이지 않고,
관찰을 통해 비로소 지금처럼 보이는 세상으로 말이에요. 이를 증명한
공로로 아스페는 최근에 두 동료 과학자와 함께 노벨상을 받았답니다.

안톤 차일링거 Anton Zeilinger

알랭 아스페와 더불어 노벨상을 받은 동료 과학자 중 한 사람으로
매우 유명한 학자예요. 차일링거는 "미스터 빔"이라는 별명으로 잘
알려져 있어요. 그가 오랫동안 양자 순간 이동, 즉 SF소설 속에 나오는
'순간 이동(빔)'을 연구해 왔기 때문이에요. 차일링거는 양자물리학의
철학적인 면에도 관심이 많답니다. 세계에 대한 새로운 아이디어를
탐구하기 위해 티베트의 달라이 라마 14세를 여러 차례 만났 거든요.

용어 설명

ㄱ

간섭: 파동들이 서로에게 영향을 주는 것을 간섭이라고 해요. 전형적인 간섭 패턴으로는 보강간섭(즉 파동이 강화되는 것)과 상쇄간섭(즉 파동이 소멸되는 것)이 있지요.

객체적 우연: 우주가 스스로 결코 예측할 수 없는 우연을 대상적(객체적) 우연이라 부릅니다.

광전 효과: 금속 표면에 빛을 쪼이면 금속 표면에 있던 전자들이 떨어져 나오는 효과를 말해요. 하지만 빛알이 가진 에너지가 전자가 금속에 붙어있게 만드는 에너지 혹은 그 이상일 때만 전자가 방출되지요. 그렇다면 남은 에너지는 어디에 머무를까요? 그것은 전자의 속도로 옮겨갑니다. 알베르트 아인슈타인이 광전효과를 둘러싼 수수께끼를 풀었답니다.

기본 입자: 우리가 사는 세계의 기초가 되는 입자들이에요. 원자를 구성하는 전자와 같은 입자들을 가리킨답니다.

ㄴ

뇌조영술: 뇌에서 무슨 일이 일어나는지를 확인하는 방법을 말해요. 우리가 생각을 하면 작은 전기 신호가 생겨나, 머릿속에서 자기장을 만듭니다. 이런 자기장이 원자들을 굴절시키고, 이런 굴절은 감지기로 측정할 수 있답니다. 머릿속 신호는 자기 공명 영상(MRI)이나 양전자 단층 촬영(PET-CT) 같은 것으로 측정할 수 있어요.

ㅁ

무질서: 질서정연하지 않은 상태를 말해요. 미리 따뜻한 물을 받아놓은 욕조에 차가운 물을 부었을 때, 두 물이 섞이지 않고 욕조의 절반은 차갑고 나머지 절반은 따뜻하다면 물리학에서는 그걸 질서정연하다고 부르죠. 하지만 그런 일은 자연 상태에서는 일어나지 않아요. 시간이 흘러 두 물은 섞이고, 결국 욕조 안 물은 미지근해지죠. 그 상태가 무질서한 상태예요.

ㅂ

반증가능성: 연구가 어떤 가설을 실험하고, 그 가설이 틀렸다는 걸 보여줄 수 있음을 뜻해요. 가령 '분홍색 유니콘은 없다'라는 가설은 분홍색 유니콘이 단 한 마리도 발견되지 않는 한에서만 유효해요. 또는 유니콘이 존재하지 않는다는 걸 밝히는 경우에도 유효하죠. 그러면 분홍색 유니콘도 존재하지 않는 것이니까요.

방울: 상당히 형태가 모호하게, 공간에 확산되어 있는 상태를 말해요. 방울을 구성하는 요소들은 한때는 이곳에, 한때는 저곳에 있지요. 공상적인 과학 용어는 아니에요.

버크민스터풀러렌: 탄소 원자들로 이루어진 커다란 분자로, 구조가 꼭 축구공을 빼닮았답니다.

복제 불가능성 원리: 이 원리는 어떤 방울도 그 속성을 100퍼센트 정확히 알지 못하며, 완전히 오류 없이 복제할 수도 없다고 말해요. 그래서 결코 모

든 것을 측정할 수 없고, 모든 것을 알 수도 없는 것이랍니다.

빛: 빛은 양자의 일종인 빛알이 공간에서 전파되어 나가는 현상을 말해요. 우리는 빛을 광선처럼 생각하지만, 사실은 눈에 보이지 않는 작고 셀 수 없이 많은 빛알 입자들의 행진이랍니다. 또 빛에는 눈에 보이는 빛인 가시광선뿐 아니라 보이지 않는 적외선, 자외선이라는 영역도 있어요.

빛알: '광자'라고도 불리는 빛알은 빛의 입자를 가리켜요. 빛의 입자는 다른 입자들과 달리 무게가 나가지 않아요. 하지만 다른 입자들과 마찬가지로 뭔가를 밀쳐낼 수 있지요. 빛알는 늘 빛의 속도로 움직여요. 빛의 속도는 우주에서 가장 빠른 속도랍니다.

ㅅ

세슘 원자시계: 정확한 시계인 원자시계 중에서도 기준이 되는 원자시계예요. 세슘 원자의 진동을 포착해서 시간을 측정한답니다. 세슘 원자는 무려 1초에 91억 9263만 1770번 진동한다고 하네요!

ㅇ

양성자: 중성자와 함께 원자핵을 구성하고 있어요. 질량은 전자의 2,000배 가까이 되고, 전자와 전하량은 같은데 양의 전하로 되어 있어요.

양자물리학의 불확정성: 양자 방울이 어디를 날아다니고 있는지 그 위치를 말할 수 있거나 또는 방울이 얼마나 빠른지 그 속도를 말할 수 있거나, 둘 중 하나만 할 수 있다는 사실을 양자물리학의 불확정성이라고 불러요. 결코 그 두 가지를 동시에 정확히 측정할 수는 없답니다.

얽힘: 두 입자가 서로 상관관계를 맺는 것을 말해요. 그러면 입자들은 공동의 신비로운 관계가 되어, 먼 거리에 있어도 서로 떼려야 뗄 수 없게 연결됩니다.

엔트로피: 무질서 쪽으로 가는 일방통행로. 엔트로피는 모든 시점의 무질서와 혼란의 정도를 나타냅니다.

원자: 물질을 구성하는 기본 요소로, 원자핵과 원자핵을 도는 작은 전자들로 이루어져 있어요. 지금까지 118가지의 서로 다른 원자가 발견되었습니다. 원자들은 우리의 세계를 구성하는 기본 블록들이라고 할 수 있어요.

입자: 물질을 구성하는 아주 작은 크기의 물체를 뜻해요. 기본 립자, 원자, 분자, 콜로이드 따위를 통틀어서 일컫는 표현이랍니다.

ㅈ

자력계: 자력계는 자기장의 세기를 측정해요. 드론에는 자력계 센서가 장착되는데, 드론이 비행할 때 이 센서는 독수리보다 더 예리하게 사물을 분간한답니다. 즉 심지어 땅 속을 감지할 수도 있어요.

전기력: 전기력은 +와 - 같은 전기적인 성질을 가진 물질들 사이에 작용하는 힘을 말해요. +와 +처럼 같은 전하를 띤 물질 사이에는 서로 밀어내는 힘이, +와 -처럼 서로 다른 전하를 띤 물질 사이에는 끌어당기는 힘이 작용한답니다.

전자: 물질을 구성하는 기본 단위인 원자를 구성하는 입자 가운데 전기를 띤 입자예요. 원자핵 주위를 돌면서 마치 잉크 방울이나 얼룩처럼 퍼져 있답니다.

전하: 전기적인 현상을 일으키는 원인이에요. +와 - 전하 두 가지가 있는데, 원자핵을 이루는 양성자는 + 전하, 원자의 주위를 돌고 있는 전자는 - 전하를 띤답니다.

주기: 일정한 시간마다 같은 현상이 반복될 때, 한 번의 사건이 발생하는 데 소요되는 시간을 주기라고 불러요.

중력: 질량을 가지고 있는 물체들 사이에서 서로 잡아당기는 힘을 말해요. 사과가 땅으로 떨어지는 이유는 바로 중력 때문이지요.

ㅍ

파동: 바다의 파도처럼 움직이는 것이 파동이에요. 짠물로 이루어져 있는 것이 아니라, 확률로 이루어져 있는 것은 확률파라고 부릅니다.

편광: 빛 입자에서 전기장이 어떤 방향으로 진동하느냐를 말해요. 편광분석기로 진동의 방향을 측정할 수 있지요.

풀러렌: 버크민스터풀러렌의 준말이에요.

플랑크의 작용양자: 이것은 세계의 기본 속성이에요. 플랑크 상수 h는 자연 상수 중 하나랍니다. 빛의 진동수와 에너지의 관계를 나타내죠. 에너지는 작은 꾸러미로만 나타나는데, 플랑크가 이 사실을 발견했답니다.

ㅎ

확률: 어떤 사건이 일어날 가능성의 정도를 말해요. 예를 들어 동전을 던지면 앞면이 위로 올라오거나, 뒷면이 올라오겠죠. 이때 각각 사건이 일어날 확률은 50% 혹은 2분의 1이라고 해요.

흑체복사: 금속을 뜨겁게 달구면 금속이 빛을 내는 현상을 말해요. 그런데 이상하게도 이 빛은 옛 물리학(고전물리학)의 법칙이 예측하는 것만큼 강하지 않았어요. 이 현상을 이해하고자 하는 과정에서 양자물리학이 탄생하게 되었죠.

감수의 글

빛알과 '방울'의 세계로 풍덩!

따뜻한 햇볕이 내리쬐는 날 창가에 앉아 연둣빛으로 물들어 가는 산자락을 바라보다가 문득 연둣빛은 무엇일까, 어떻게 만들어질까, 왜 하필 연둣빛일까 생각해 본 적이 있나요? 아름다운 연둣빛을 바라보며 시를 지을 수도 있고, 멋진 음악을 만들 수도 있고, 감동적인 이야기를 만들 수도 있지만, 과학자라 부르는 사람들은 그 연둣빛의 진짜 모습을 궁금해했습니다. 그중에서도 물리학자라는 이름을 얻은 사람들은 '빛'이 무엇인지 아주 오래전부터 자신의 온 힘을 다해 탐구하고 살폈습니다.

옛날에 아직 물리학자라는 이름이 생기기 전에는 이런 사람들을 자연철학자라 불렀습니다. 17세기 영국에 살았던 자연철학자 아이작 뉴턴은 빛이 일곱 가지 방울로 이루어져 있다는, 당시로서는 완전히 새로운 주장을 내놓았습니다. 흔히 말하는 일곱 빛깔 무지개를 처음 만들고 제안한 사람이 바로 뉴턴입니다. 그는 "빨주노초파남보" 일곱 빛깔의 방울이 있고, 그 방울들이 모여서 온갖 다양한 색깔이 나오며, 특히 색이 없는 자연광은 이 일곱 가지 방울이 다 들어 있는 것이라는 주장을 펼쳤답니다.

뉴턴이 말한 '방울'은 정말 방울 같은 것입니다. 소리를 내는 방울과는 조금 다르지만, 공 모양으로 된 알갱이나 낟알이나 입자와 비슷합니다. 뉴턴보다 200년쯤 뒤에 영국에 살았던 물리학자 제임스 클러크 맥스웰의 생각은 조금 달랐습니다. 맥스웰 이전에도 빛의 정체를 궁금해한 자연철학자들이 많이 있었지만, 맥스웰은 빛이라는 것이 전기와 자기가 공간 속으로 퍼져나가는 일종의 파도 같은 것이라고 주장했습니다. 파도 같은 것을 통틀어 파동이라 부르기 때문에, 맥스웰의 이론은 빛이 파동이라는 주장이 됩니다. 맥스웰이 이것을 정교한 수학을 써서 이론을 만들고 그 방정식을 풀어서 이런 결론을 얻게 되었는데, 독일의 하인리히 헤르츠가 정말로 전기와 자기의 파동이 존재한다는 것을 실험으로 증명하는 데 성공했습니다. 이것이 바로 전자기파, 특히 라디오파의 시작입니다. 지금 누구나 사용하는 휴대전화가 바로 이 전자기파를 통해 소리와 영상과 이야기를 주고받는 장치입니다.

그런데 20세기가 시작하면서 알베르트 아인슈타인이 빛은 파도와 같은 것이기도 하지만, 동시에 특별한 방울이라는 주장을 내놓았습니다. 1905년 아인슈타인은 다섯 편의 논문을 발표했습니다. 그중에는 상대성이론의 시작이 되는 논문도 있고, 에너지와 질량이 같은 것이라는 논문도 있으며, 분자의 존재를 증명하고 그 수를 세는 실험도 있습니다. 특히 빛과 관련된 모든 현상을 설명하는 멋진 이론을 담은 논문이 있습니다. 바로 그 논문에서 빛이 사실은 '빛알'이라는 이름의 매우 특별한 방울이라는 것을 아주 멋지게 설명했습니다.

빛이 빛알이라는 특별한 방울임을 알게 되자 여러 사람이 빛뿐 아니라 모든 물질의 정체를 알아내려 온갖 노력을 기울였습니다. 1925년 무렵부터 독일의 베르너 하이젠베르크와 막스 보른, 오스트리아의 에르빈 슈뢰딩거, 영국의 폴 디랙 등 많은 물리학자가 드디어 모든 물질을 설명해 주는 뛰어난 이론을 만들어 냈습니다. 바로 양자물리학입니다. 더 전문적으로는 양자역학이라고 부릅니다. 이제 곧 양자역학 100주년이 다가옵니다. 전세계에서 양자물리학의 탄생을 축하하는 모임이 만들어지고 풍성한 이야기가 오고 갈 겁니다.

양자물리학은 빛과 물질이 어떻게 작동하는지 모두 말해 주는 놀라운 이론입니다. 하지만 이상하게도 빛과 물질이 정확히 무엇인지는 이야기할 수 없다고 말합니다. 특히 빛과 물질이 입자인지 아니면 파동인지 어느 한쪽을 편들지 않습니다. 그렇다면 양자물리학이 다루는 대상을 통틀어 무엇이라고 부르면 좋을까요? 양자물리학이 다루는 대상은 여기에도 있을 수 있고 저기에도 있을 수 있기 때문에 다른 이름이 필요하지 않을까요?

그래서 이 책의 저자 로베르트 뢰브와 올리버 슈메링은 재미있는 단어를 소개합니다. 바로 'Blob'이라는 단어입니다. 얼룩이나 비눗방울 같은 것을 가리키는 영어 단어를 그대로 쓴 것이지요. 이 말은 공식적인 물리학 용어가 아니라서 이를 한국어로 어떻게 옮기는 게 좋을지 고민이 됩니다. 이 책을 한국어로 옮기신 유영미 선생님께 물리학의 역사와 철학의 맥락을 고려하여 '양자 방울' 또는 '방울'이라고 하면 좋겠다는 의견을 드렸더니, 유영미 선생님도 동의해 주셨습니다. '얼룩'이라고 할 수도 있지만, 그보다는 물방울이나 잉크 방울 같은 이미지에 더 가까운 면이 있고, 예쁜 소리를 내는 방울 이미지도 있으니까요.

이 책은 시간과 원자와 전자와 빛알의 이야기를 즐겁고 재미있게 펼칩니다. 이것이 양자물리학의 세계입니다. 이는 물질로 이루어진 세상이 어떻게 만들어졌으며, 어떤 원리로 돌아가는지 말해 주는 가장 기본적인 과학 이론입니다. 지금 우리가 살아가는 세계의 가장 중요한 기반은 반도체와 컴퓨터, 인터넷이라 할 수 있을 텐데, 이런 것이 모두 양자물리학에서 만들어졌다고 해도 지나친 말이 아닙니다. 얼마 전에 뉴스에 등장하여 사람들의 이목을 집중시켰던 초전도체도 양자물리학을 알아야 만들고 설명할 수 있습니다. 그런데 이제는 이런 것을 뛰어넘는 양자 컴퓨터의 세계가 열리고 있습니다. 물질 세계의 작동 원리를 이해하는 것은 그 자체로도 중요하고 흥미로운 일이지만, 또 이것이 과학 기술로 발전하여 세상을 온통 바꾸어 버릴 수도 있습니다.

《양자물리학으로 풍덩!》은 바로 그런 양자물리학을 어린이 독자에게 소개하기 위한 책입니다. 우리가 사는 세상을 더 많이 알고 싶은 어린이 여러분, 우리 모두 이 신기하고 놀라운 빛알과 '방울'의 세계로 풍덩 빠져 보는 건 어떨까요?

KAIST 부설 한국과학영재학교

김재영

**빛알과 양자 이야기를 더 깊이 알고 싶은 독자들은
아래 QR 코드를 찍어 보세요!**

이 책을 만든 사람들

글 **로베르트 뢰브**

대학에서 강의도 하고 전시회를 주재하는 양자물리학자랍니다. 독일의 레겐스부르크 대학교, 미국의 웨슬리언 대학교와 MIT에서 물리학을 공부했어요. 그리고 독일의 슈투트가르트 대학교에서 박사 논문을 쓰며, 엄청나게 낮은 온도에서 높이 들뜬 원자들을 연구했지요. 2006년부터 독일 슈투트가르트 대학교에서 팀장이자 전임강사로 일하고 있습니다.

글 **올리버 슈메링**

대학을 졸업하고 영화와 여러 방송의 극작가 겸 책임자로 활동하고 있어요. 프리랜서 작가로서 연극, 영화, TV, 라디오, 팟캐스트, 도서 등 다방면에서 다양한 주제로 활동하고 있습니다. 최근에는 무엇보다 어린이들을 위한 일을 많이 하고 있어요.

그림 **아론 쿠쉴리**

북아일랜드 벨파스트 출신의 일러스트레이터예요. 강아지 그림을 그리는 걸 가장 좋아하죠. 얼스터 벨파스트 예술 디자인 대학교에서 일러스트레이션과 그래픽 디자인을 공부했고, 내면의 아이에게서 영감을 받아 작업을 하고 있다고 합니다. 연필을 손에 잡으면, 그의 창조성은 멈추려 들지 않지요.

옮김 **유영미**

연세대학교 독문과와 동 대학원을 졸업했고, 현재 전문번역가로 활동하고 있습니다. 아동 도서에서부터 인문, 교양과학, 사회과학, 에세이, 기독교 도서에 이르기까지 다양한 분야의 번역 작업을 하고 있지요.
옮긴 책으로는 《바이올린과 순례자》《울림》《왜 세계의 절반은 굶주리는가》《매일 읽는 헤르만 헤세》《제정신이라는 착각》《무자비한 알고리즘》 등 다수가 있습니다.

감수 **김재영**

서울대학교 물리학과를 졸업하고, 같은 학교 대학원에서 물리학 기초론 전공으로 박사 학위를 받았습니다. 독일 막스 플랑크 과학사 연구소 초빙교수, 서울대 강의교수, 이화여대 HK연구교수 등을 거쳐 현재 KAIST 부설 한국과학영재학교에서 물리학의 역사와 철학을 가르치고 있습니다.
저서로 《상대성이론의 결정적 순간들》,《정보혁명》,《양자, 정보, 생명》,《뉴턴과 아인슈타인》 등이 있고, 역서로 노버트 위너의《사이버네틱스》,《인간의 인간적 활용》, 제임스 클러크 맥스웰의《전기자기론》, 피터 갤리슨의《아인슈타인의 시계, 푸앵카레의 지도》, 피터 하먼의《에너지, 힘, 물질》 등이 있습니다.

과학의 비밀이 풀리는
김상욱 교수의 연구실로 초대합니다!

세상에 흩어진 물리 이데아를 잡으러 물리박사 김상욱 교수와 함께 출발~!

웰컴~!

1권 빛: 루그의 습격
2권 중력: 으악, 유령이다!

3권 원자: 축제는 시작되었다!

이 책의 특징

1. 어려운 물리는 그만!
물리를 쉽고 재미있게!

2. 김상욱 교수가
선별하고 정리한 과학 개념으로
한 번 더 머릿속에 쏙쏙!

3. 물리를 살아 숨 쉬는
장난꾸러기 캐릭터로 만나보세요.

초판 한정 부록
물리 이데아 점보카드

이데아 캐릭터 카드를 모으면 나만의 물리 도감 완성!

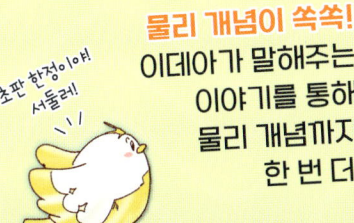

물리 개념이 쏙쏙!
이데아가 말해주는 이야기를 통해 물리 개념까지 한 번 더!

초판 한정이야! 서둘러!

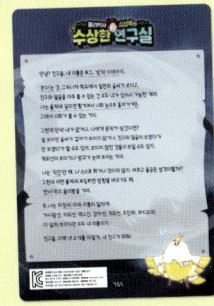